Arielle Ford
Das Geheimnis der Liebe

W0105232

GOLDMANN
Lesen erleben

Buch

Das universelle Gesetz der Anziehung besagt, dass wir genau die Menschen und Ereignisse anziehen, die unserem inneren Zustand entsprechen. Wenn wir also davon überzeugt sind, dass die Welt ein liebevoller, freundlicher Ort ist, werden wir sie tendenziell auch so erleben. Und wenn wir glauben, die Welt sei chaotisch und stressig, sieht unsere Realität höchstwahrscheinlich auch so aus. Auf die Liebe bezogen heißt das: Wenn wir davon überzeugt sind, dass es reichlich Liebe auf der Welt gibt, auch für uns, dann werden wir ganz andere Beziehungen anziehen als jemand, der meint, er sei nicht liebenswert und hätte es nicht verdient, glücklich zu sein.

Wenn sich unser Seelenpartner oder unsere Seelenpartnerin in unserem Leben manifestieren soll, müssen wir als Erstes daran glauben, dass dieser Mensch irgendwo existiert und dass eine erfüllende Beziehung möglich ist. Die Autorin ist überzeugt, dass jeder die wahre Liebe finden kann, wenn er innerlich dafür bereit ist.

Hierfür gibt sie in diesem Buch ganz praktische Erläuterungen und Tipps. Sie zeigt, wie man sich körperlich, geistig und seelisch darauf vorbereiten kann, dem Seelenpartner zu begegnen, und wie man seine Wünsche konkretisieren und festhalten kann.

Autorin

Arielle Ford, Presseagentin und Marketingfachfrau, hat unter ihren Klienten zahlreiche namhafte Autoren aus dem Bereich der Persönlichkeitsentwicklung, der ganzheitlichen Lebenshilfe und Medizin, darunter Deepak Chopra, Neale Donald Walsch, Louise Hay, Mark Victor Hansen und Jack Canfield. Die Expertin für spirituelle Themen ist Coproduzentin der erfolgreichen Fernsehserien »Body, Mind & Soul« und »The Seven Spiritual Laws of Success« von Deepak Chopra.

ARIELLE FORD

Das Geheimnis der Liebe

Finden Sie Ihren Seelenpartner

Aus dem Amerikanischen von Susanne Lötscher

GOLDMANN

Verlagsgruppe Random House FSC-DEU-0100
Das für dieses Buch verwendete FSC®-zertifizierte Papier
Profibulk von Sappi liefert IGEPA.

1. Auflage
Vollständige Taschenbuchausgabe Dezember 2012
Wilhelm Goldmann Verlag, München,
in der Verlagsgruppe Random House GmbH
Copyright der deutschsprachigen Ausgabe
© 2009 Wilhelm Goldmann Verlag, München,
in der Verlagsgruppe Random House GmbH
© 2009 by Arielle Ford
Originaltitel: The Soulmate Secret
Originalverlag: HarperCollins, New York
Published by arrangement with HarperOne,
an imprint of HarperCollins Publishers, LLC
Umschlaggestaltung: Uno Werbeagentur, München, unter
Verwendung eines Motivs von Eisele Grafik-Design, München
Innenlayout: Eisele Grafik-Design, München
Satz: Barbara Rabus
Druck und Bindung: Těšínská tiskárna, a. s., Český Těšín
Printed in the Czech Republic
BK · Herstellung: IH
ISBN 978-3-442-17360-0

www.goldmann-verlag.de

Für Brian Hilliard, meinen Seelengefährten.
Du bist mein Fels, mein Sicherheitsnetz, mein rettender
Hafen und mein Sprungbrett für alles Wunderbare,
was das Menschsein ausmacht.

Fels - opoka
Hafen- przystań
port
Sprungbrett - trampolina
Menschsein- ludzkość

Inhalt

Vorwort

Hätte ich doch schon vor zehn Jahren das Buch gekannt, das Sie gerade vor sich haben!

Damals war ich Single, vierundvierzig und genoss viele Privilegien. Ich war gesund, konnte meine Kreativität ausleben und war beruflich sehr erfolgreich. In meinem Leben stand alles zum Besten, außer in einem Bereich: Ich hatte meinen Seelenpartner noch nicht gefunden. In jener Zeit führten Arielle Ford (die sich damals als Agentin in hervorragender Weise für meine Buchreihe *Hühnersuppe für die Seele: Für Frauen* einsetzte) und ich ewig lange Telefongespräche und beklagten unsere Misere. Zwei intelligente, leidenschaftliche, erfolgreiche Frauen fragten sich verwundert: »Wo sind nur all die guten Männer?« Hätte es so etwas wie einen »Ach-wir-Ärmsten!-Club« gegeben, dann wären Arielle und ich bestimmt angesehene Mitglieder gewesen.

Da wir fast täglich miteinander telefonierten, bekam ich unmittelbar mit, welche bemerkenswerten Dinge in Arielles Leben passierten, als sie begann, das machtvolle Gesetz der Anziehung auf ihr Liebesleben anzuwenden. Sie lernte einen wunderbaren Mann namens

Brian kennen, mit dem sie eine innige, sich gegenseitig befruchtende Beziehung führte, und das inspirierte mich. Ich nahm mir Arielles Fähigkeit, die zeitlos gültigen Prinzipien des Gesetzes der Anziehung bis auf den Bereich der intimen Beziehungen auszudehnen, als anschauliches Vorbild, dem ich nacheifern konnte. Und so fand ich ein Jahr, nachdem Arielle ihren Seelenpartner kennengelernt hatte, ebenfalls meine große Liebe.

Im Film und im Buch *The Secret – Das Geheimnis* vertrete ich die Meinung, dass die meisten Menschen deshalb so versessen Wohlstand, Erfolg und Liebe nachjagen, weil sie meinen, diese Dinge würden sie glücklich machen. Ich habe aber herausgefunden (und es ausführlich in meinem Buch *Glücklich ohne Grund! In 7 Schritten das Glück entdecken, das längst in Ihnen steckt* beschrieben), dass es genau umgekehrt ist: Je glücklicher wir sind, desto einfacher ziehen wir die Dinge in unser Leben, die wir uns wünschen.

Tag für Tag senden wir fortwährend energetische Signale aus, die von den Menschen in unserer Umgebung aufgefangen werden. Genau aus diesem Grund zieht ein unglücklicher Mensch noch mehr Unglück an und wirkt ein glücklicher Mensch wie ein Magnet für noch mehr Glück. Wenn wir einen Lebenspartner – Mann oder Frau – anziehen wollen, der ein glücklicher und erfüllter Mensch ist, müssen wir diese Gefühle zuerst in uns selbst verspüren.

Arielle Ford hielt sich mit großem Erfolg an genau dieses Rezept und gibt es in *Das Geheimnis der Liebe* klar, verständlich und mit ansteckender Begeisterung weiter. Das Buch begleitet Sie durch erfreuliche Prozesse und leicht durchführbare Übungen, mit denen Sie die Liebe, die es in Ihrem Leben bereits gibt, genießen und feiern können, während Sie sich gleichzeitig auf allen Ebenen darauf vorbereiten, diese Liebe mit einem anderen Menschen – ihrem Seelenpartner – zu teilen.

Zu Beginn dieser wunderbaren Reise möchte ich Sie dazu animieren, sich etwas weniger darauf zu konzentrieren, wie viel Glück Ihnen die Beziehung mit Ihrem Seelenpartner/Ihrer Seelenpartnerin bringen soll, und stattdessen ein bisschen mehr darauf zu schauen, wie viel Glück, Liebe und Zufriedenheit *Sie* in diese Beziehung einbringen wollen. Vertrauen Sie darauf, dass es zum richtigen Zeitpunkt geschieht und dass der geliebte Mensch sich zu Ihnen hingezogen fühlen wird wie eine Motte zum Licht, je mehr Sie sich in sich selbst verlieben. Die Dankbarkeit, die sich einstellt, wenn sich Ihr Herzenswunsch erfüllt hat, werden Sie auf allen Ebenen spüren und erleben.

Herzlichst,
Marci Shimoff

Der Seelenpartner-IQ-Test

Sind Sie bereit für die Liebe Ihres Lebens?

Beantworten Sie jede Frage mit »Ja«, »Nein« oder »Ich weiß nicht«:

⊚ Glauben Sie, dass es Ihren Seelenpartner/Ihre Seelenpartnerin irgendwo gibt?

☒ Ja   ☐ Nein   ☐ Ich weiß nicht

⊚ Sind Sie bereit, ihm oder ihr heute zu begegnen? Jetzt sofort?

☒ Ja   ☐ Nein   ☐ Ich weiß nicht

⊚ Wenn Ihr Seelenpartner Ihr Leben genau in diesem Moment beobachten könnte, wären Sie dann stolz auf das, was er sieht?

☒ Ja   ☐ Nein   ☐ Ich weiß nicht

⊚ Sind Sie seelisch und körperlich in der besten Verfassung, um Ihrem Seelenpartner zu begegnen?

☒ Ja   ☐ Nein   ☐ Ich weiß nicht

◉ Ist Ihr Zuhause darauf eingestellt, Ihren Seelenpartner willkommen zu heißen?

☒ Ja ☐ Nein ☐ Ich weiß nicht

◉ Haben Sie eine Liste mit den zehn wichtigsten Eigenschaften erstellt, die Ihr Seelenpartner haben sollte?

☐ Ja ☒ Nein ☐ Ich weiß nicht

◉ Zeigen Sie selbst regelmäßig die Eigenschaften, die Ihr Seelenpartner Ihrer Ansicht nach reizvoll fände?

☒ Ja ☐ Nein ☐ Ich weiß nicht

czarujące
wykluczyć   *atrakcyjne*

◉ Können Sie ausschließen, dass Sie energetisch noch immer mit früheren Liebespartnern verbunden sind oder diese mit Ihnen?

☒ Ja ☒ Nein ☐ Ich weiß nicht

◉ Können Sie die Möglichkeit akzeptieren, dass Sie Ihrem Seelenpartner vielleicht nie begegnen werden?

☒ Ja ☐ Nein ☐ Ich weiß nicht

Wenn Sie auch nur eine der Fragen mit »Nein« beantwortet haben, kann es sein, dass Sie die Begegnung mit Ihrem Seelenpartner unbewusst blockieren. *Das Geheimnis der Liebe* wird Ihnen dabei helfen, diese Blockaden zu beseitigen, und Sie auf dem Weg begleiten, die Liebe Ihres Lebens zu finden.

Einführung

*Als ich meine erste Liebesgeschichte hörte, begann
ich, nach dir zu suchen, ohne zu wissen, wie ver-
blendet das war. Liebende finden sich nicht irgendwann irgendwo; sie befinden sich schon längst im
anderen.*   Rumi

Haben Sie sich schon einmal gefragt, was nötig
wäre, damit Sie der Liebe Ihres Lebens begegnen?
Träumen Sie von einem Lebenspartner, der Sie liebt,
verwöhnt und anbetet? Wenn Sie sich nach einem Seelengefährten sehnen, wird Ihnen dieses Buch zeigen,
wie Sie sich das Gesetz der Anziehung zunutze machen, um sich körperlich, geistig und seelisch auf die
Ankunft Ihres geliebten Menschen einzustellen.

Eine Chance für die wahre Liebe

Ich habe meinen Seelenpartner erst mit vierundvierzig
Jahren getroffen und weiß daher ziemlich gut, was in
der Liebe und in Beziehungen funktioniert und was
nicht. Ich hatte Beziehungen mit kontrollierenden

Männern, mit passiv-aggressiven Männern, mit Männern, die mich ignorierten, und mit Männern, in deren Gegenwart ich mich klein und unbedeutend fühlte. Mit anderen Worten: Ich war schon mit einigen Verlierertypen zusammen! Aber ich entdeckte auch ein Rezept – das ich *Geheimnis der Liebe* nenne –, mit dessen Hilfe man tiefe Liebe wie ein Magnet anzieht.

Unsere wunderbare Welt ist so eingerichtet, dass sie uns mit den Menschen und Erfahrungen in Kontakt bringt, die unserem persönlichen Glaubenssystem entsprechen. Wenn Sie nicht daran glauben, jemals den oder die Richtige zu finden, dann werden Sie mit aller Wahrscheinlichkeit recht behalten: Sie finden diesen Menschen nicht. Wenn Sie hingegen lernen, daran zu glauben, dass es den oder die Richtige für Sie bereits irgendwo gibt und dass diese Person obendrein *auch nach Ihnen Ausschau hält*, dann geben Sie der wahren Liebe eine Chance, sich zu zeigen.

Meine Großmutter sagte früher immer: »Für jeden Topf gibt es den passenden Deckel.« Damit wollte sie sagen, dass es für jeden Menschen ein passendes Gegenstück – den idealen Partner – gibt. Trotzdem gestehe ich, dass ich in meinen Dreißigern an ihrer Theorie sehr, sehr oft zweifelte, weil ich den Deckel für meinen Topf noch immer nicht gefunden hatte. Zu jener Zeit arbeitete ich von zu Hause aus, und die einzigen Männer, mit denen ich zu tun hatte, waren Lieferanten – der Briefträger, die Zusteller vom Kurier-

und Paketdienst, der Getränkelieferant ... und die meisten von ihnen waren verheiratet!

Eines Tages passierte dann etwas, das mich in meinem Glauben bestärkte, dass mein Seelenpartner irgendwo da draußen war: Ich sah mir die Oprah Winfrey Show im Fernsehen an, in der Barbra Streisand zu Gast war. Sie hatte sich in James Brolin verliebt, und ich weiß noch, dass ich dachte: Diese superreiche, weltberühmte Diva, die bekanntermaßen »schwierig« und für Normalsterbliche unerreichbar ist – wie viele Männer passen wohl zu ihr? Doch zugleich wurde mir etwas klar: Wenn das Universum für eine so außergewöhnliche Frau wie Barbra Streisand einen idealen Partner bereithielt, dann ganz sicher auch für jemanden wie mich! Doch bis ich endlich meinen Prinzen fand, musste ich noch viele Frösche küssen.

Anfang der 1980er-Jahre lebte ich in Miami, Florida, und führte eine Beziehung mit einem smarten Wissenschaftler, der aber ein echter Kontrollfreak war. Ich ließ mich nicht davon abbringen, dass es eine Möglichkeit geben musste, einen netten, liebevollen und umgänglichen Typen aus ihm zu machen. In der Hoffnung auf Rat und Hilfe ging ich zu einem Reading bei einem bekannten weiblichen Medium in Miami Beach. Sie würde mir sicher sagen, ich müsste mich einfach noch mehr anstrengen, und eines Tages würde aus meinem Frosch ein Prinz werden. Zu diesem Zeitpunkt hatte ich zwar schon längst Schluss mit meinem verrückten Wissenschaftler gemacht, hoffte aber dennoch, wir würden wieder zusammenkommen (ich bin ja so froh, dass es nicht so weit kam – weshalb, werden Sie noch früh genug erfahren). Was das Medium mir dann allerdings sagte, verschlug mir die Sprache: Ich würde innerhalb der nächsten sechs Monate nach Kalifornien ziehen und den Rest meines Lebens am Pacific Rim verbringen.

Ein paar Wochen später passierte etwas, was ich nie und nimmer erwartet hätte: Mir wurde gekündigt. Einer der Geschäftsführer, mein Chef, war von der Kündigung ebenso überrascht wie ich und verriet mir, dass er selbst bald zu kündigen gedenke, um ein eigenes großes Projekt zu starten. In sechs Monaten könne er mir einen – wie es schien – perfekten Job anbieten. Die Sicherheit, dass hier in Miami eine neue Arbeitsstelle auf mich wartete, wenn ich nur wollte, gab mir das Gefühl, dies sei der richtige Zeitpunkt, um etwas Abenteuerliches zu wagen, und ich beschloss, für sechs Monate nach Los Angeles zu gehen. Ich war schon einmal dort gewesen und hatte mich sofort in diese Stadt verliebt. In nur wenigen Tagen packte ich meine Sachen und siedelte an einen Ort über, wo ich außer einem einzigen Freund keinerlei Kontakte hatte.

Auf der langen Flugreise las ich Shakti Gawains Buch *Stell dir vor*. Dank diesem Buch lernte ich, wie ich die Umstände und Ereignisse, die ich mir in meinem Leben wünschte, durch Visualisieren und

Fühlen Wirklichkeit werden lassen konnte. Außerdem las ich *Die Begrüßung der Morgendämmerung: ein Klassiker des positiven Denkens* von Venice Bloodworth aus den 1950er-Jahren. In diesem Buch fand ich ein paar kluge Einsichten zum Thema Gebet und Manifestation. Schon bald nach meiner Ankunft in Los Angeles besuchte ich eine New Thought Church, wo ich ein Tagesgebet erlernte, mit dem ich Fülle in mein Leben einladen konnte. All diese Techniken funktionierten!

Innerhalb weniger Wochen fand ich auf diese Weise einen guten Arbeitsplatz, die ideale Unterkunft – noch dazu mit einer Mitbewohnerin – und schloss Freundschaften. In den folgenden Jahren arbeitete ich immer wieder mit diesen Techniken, um meine berufliche und private Situation zu verbessern. Nur mit der Liebe wollte es einfach nicht klappen.

Also brachte ich ein paar Dinge in Erfahrung, begann eine Therapie und nahm an diversen Workshops zur persönlichen Weiterentwicklung teil. Und dann dämmerte mir endlich, dass es in meinem Leben einiges gab, das verhinderte, dass sich die Liebe in meinem Leben manifestierte.

1. Ich glaubte nicht, eine tolle Beziehung verdient zu haben.

2. Ich liebte mich nicht.

3. Ich schleppte eine Menge emotionalen Ballast mit mir herum.

Wenn ich diese Hindernisse nicht aus dem Weg räumte und lernte, die Manifestationstechniken konkret auf das anzuwenden, was mir besonders am Herzen lag, dann würden sich nicht die gewünschten Ergebnisse einstellen. Also fing ich an, alles, was ich jemals über Manifestation, Psychologie, Spiritualität und das Gesetz der Anziehung gelernt hatte, auf mein Liebesleben auszudehnen. Während ich gleichzeitig zu Hause *und* in meinem Herzen gründlich ausmistete, wurden meine Absichten glasklar. Ich erlernte und entwickelte Techniken, Rituale, Visualisierungen und Gebete, mit deren Hilfe ich meinen Körper und meinen Geist, meinen Verstand und nicht zuletzt meine eigenen vier Wände auf eine fantastische Liebesbeziehung vorbereitete. Und es funktionierte. Nachdem ich meinen Seelenpartner sechs Monate lang wirklich gewissenhaft manifestiert hatte, lernte ich meinen jetzigen Mann Brian kennen, der alle meine Wünsche und Erwartungen übertraf. Er war und ist all das, was ich mir je von einem Partner erträumt habe.

Den Seelenpartner suchen und finden

Jeder Mensch kann in jedem Alter die wahre Liebe finden, wenn er bereit ist, auf allen Ebenen ein energetisches Gegenstück zu der Liebe zu werden, nach der er sucht. Mit der Lektüre dieses Buches haben Sie bereits einen wichtigen Schritt getan. Wenn Sie sich eingehend mit den hier beschriebenen Techniken beschäftigen, werden Sie sich innerlich und äußerlich darauf einstellen, den Mann oder die Frau Ihres Lebens kennenzulernen und wie ein Magnet an sich zu ziehen. *Das Geheimnis der Liebe* hilft Ihnen dabei, sich körperlich, geistig, seelisch und mit ganzem Herzen auf Ihren idealen Lebenspartner/Ihre ideale Lebenspartnerin vorzubereiten.

Beachten Sie bitte, dass es in diesem Buch nicht um bloßes Wunschdenken geht. Ich bin felsenfest davon überzeugt, dass man nicht nur glauben, sondern auch handeln muss, um in irgendeinem Lebensbereich Erfolg zu haben. Mein oberstes Ziel ist es, Ihnen die Gewissheit zu vermitteln, dass Ihr Seelenpartner nicht nur existiert, sondern schon genauso eifrig nach Ihnen Ausschau hält, um Sie zu finden. Und bis dahin haben Sie genug damit zu tun, sich auf die Begegnung mit ihm oder ihr vorzubereiten. Deshalb werden Sie in fast jedem Kapitel dieses Buches praktische Vorschläge finden, die Sie zum Handeln anregen.

Schaffen Sie Raum für die Liebe, dann wird die Liebe den Weg zu Ihnen finden, und selbst die unwahrscheinlichsten Begegnungen sind möglich. Ich denke dabei an meine Schwiegermutter Peggy: Nach fünfundfünfzig Ehejahren wurde sie mit achtzig Witwe. Dennoch entschloss sie sich, einen neuen Lebenspartner zu finden. Nach nur wenigen Monaten begegnete ihr John, der ebenfalls mehr als fünfzig Jahre verheiratet war, bevor seine Frau starb. Heute sind Peggy und John verliebt wie Teenager und genießen in ihren goldenen Jahren noch einmal die Freuden einer tiefen Liebe. Ob Sie nun achtundzwanzig oder achtundachtzig sind – es ist nie zu spät, um Ihren Seelenpartner zu finden!

Vielleicht können Sie mit dem Begriff »Seelenpartner« ewas anfangen, vielleicht aber auch nicht. Ich verstehe unter einem Seelenpartner einen Menschen, zu dem Sie eine tiefe, innige Verbindung haben und bei dem Sie das Gefühl haben, ganz Sie selbst sein zu können. Es ist ein Mensch, den Sie bedingungslos lieben und der auch Sie bedingungslos liebt. Es soll jetzt nicht allzu sentimental klingen, aber ein Seelenpartner ist jemand, der uns »vervollständigt«.

In dem Film *Darf ich bitten?* mit Richard Gere und Susan Sarandon gibt es eine grandiose Szene, wo die von Susan Sarandon gespielte Figur beschreibt, warum sie so gern mit ihrem Mann verheiratet ist: »Wir brauchen einen Zeugen für unser Leben. Es gibt Milliarden Menschen auf dieser Erde … ich will damit sagen: Welche Bedeutung hat denn jedes einzelne Leben wirklich? Aber in einer Ehe verspricht man sich, sich um alles zu kümmern – um alles, immer, jeden Tag. Man sagt: ›Dein Leben wird nicht unbemerkt verstreichen, denn ich werde es beachten. Dein Leben wird nicht ohne Zeugen stattfinden, denn ich werde dein Zeuge sein.‹« Egal ob Sie an die Vorstellung vom Seelenpartner glauben oder nicht, dieses Buch wird Sie darauf vorbereiten, eine ähnliche große Liebe in Ihrem Leben zu finden, wie die von Susan Sarandon gespielte Filmfigur es anschaulich umreißt.

Nicht nur sehen, sondern fühlen

Während ich mich selbst auf die Begegnung und Manifestation meines Seelenpartners vorbereitete, dachte ich mir mehrere Übungen aus, die ich »gefühlte Visualisierungen« – eine Kombination aus Gefühl und Visualisierung – nannte. Warum *gefühlte Visualisierung?* Weil Visualisieren allein nicht genug ist. Sie müssen mit jeder Faser Ihres Seins *fühlen*, welches Ergebnis Sie erzielen möchten, damit Sie es auch an sich ziehen können. Es ist nämlich das Gefühl und nicht das Bild, das die Kraft hat, Dinge herbeizuziehen.

Stellen Sie sich vor, Sie wollen einen teuren Luxusschlitten manifestieren, wissen aber noch nicht, wo Sie das Geld dafür hernehmen sollen. Sie könnten jedes Detail dieses Wagens visualisieren und sich tage-, wochen- und monatelang vorstellen, Sie säßen am Steuer. Wenn Sie aber tief in Ihrem Innern glauben, Sie hätten dieses Auto gar nicht verdient, oder wenn beim Visualisieren mehr Angstgefühle als Begeisterung in Ihnen aufsteigen, dann wird es wahrscheinlich nicht klappen. Sie müssen in der Lage sein zu *fühlen*, wie Sie mit diesem Auto fahren, und mit jeder Körperzelle *wissen*, dass Sie dieses Auto auch wirklich verdient haben und dass es Ihnen in gewisser Hinsicht bereits gehört. Deshalb nenne ich solche Vorgänge *gefühlte Visualisierungen*.

Wenn Sie die Gefühle fördern, die Sie so sehnlich mit Ihrem Seelenpartner erleben möchten, und ab jetzt so leben, als wäre Ihr Seelenpartner bereits an Ihrer Seite, dann werden Sie automatisch Impulse verspüren und Dinge tun, die Sie diesem Menschen näherbringen. Ich habe mit dieser Technik tatsächlich fast jede wichtige Entscheidung in meinem Leben gesteuert.

Zu Beginn meiner beruflichen Karriere wusste ich nicht immer genau, was ich wollte, während ich aber immer ganz genau wusste, wie ich mich fühlen würde, sollte mein Berufswunsch in Erfüllung gehen. Als ich 1984 nach Los Angeles zog, musste ich zum Beispiel eine Arbeit finden. Da ich jung war und mich in der Weltstadt des Entertainment überhaupt nicht auskannte, war mir nicht klar, nach welcher Art von Arbeit ich denn suchen sollte. Dennoch war ich mir hundertprozentig sicher, dass ich eine Arbeit wollte, die mir Zufriedenheit bescherte, kreativ und gut bezahlt war. Also legte ich mich zweimal pro Tag hin, schloss die Augen und stellte mir in jedem Teil meines Körpers vor, wie es sich *anfühlen* würde, wenn ich einen Job hätte, der Spaß machte, in dem ich kreativ sein und meine Fähigkeiten unter Beweis stellen konnte und der außerdem noch gutes Geld einbrachte. Nach nur

So führen Sie gefühlte Visualisierungen richtig durch

⊙ Ziehen Sie sich in einen Raum zurück, wo Sie nicht von anderen Menschen, von Haustieren oder durch elektronische Geräte gestört werden.

⊙ Ziehen Sie die Vorhänge zu, zünden Sie eine Kerze an und nehmen Sie Ohrstöpsel, falls draußen zu viel Lärm herrscht.

⊙ Machen Sie es sich auf einer Matte auf dem Boden oder in einem Sessel bequem und lesen Sie sich die *gefühlte Visualisierung* vor.

⊙ Arbeiten Sie einmal am Tag oder einmal pro Woche mit den *gefühlten Visualisierungen* – ganz wie Sie möchten.

⊙ Falls Sie sich die Texte auf Band sprechen, bitte nicht beim Autofahren anhören. Arbeiten Sie damit ebenfalls an einem Platz, wo Sie die Augen schließen und sich voll und ganz darauf konzentrieren können.

zehn Tagen fand ich die ideale Arbeitsstelle. Mit der gleichen Technik fand ich schließlich nicht nur eine tolle Wohnung, sondern auch eine Mitbewohnerin, die im Vergleich zu mir gerne putzte und kochte!

Bevor ich Brian kennenlernte, machte ich regelmäßig ein Ritual: Jeden Tag bei Sonnenuntergang zündete ich mehrere Kerzen an, legte meine Lieblings-CD mit gregorianischen Gesängen auf und machte es mir in meinem großen Sessel bequem. Mit geschlossenen Augen gab ich mich dem Gefühl hin, wie sehr ich mich freuen würde, wenn mein Seelenpartner bei mir wäre. Ich erlebte diese herrlichen Gefühle in jedem Teil meines Körpers und wusste, dass mein Seelenpartner in jenem Moment schon auf dem Weg zu mir war. (Zugegeben: Es gab Tage, da dachte ich: Er braucht aber wirklich sehr lange. Aber dann ließ ich diesen Gedanken wieder los und konzentrierte mich auf das Gefühl des Wissens, dass er ganz sicher zu mir finden würde.)

Gefühlte Visualisierungen sind übrigens sehr entspannend, was wiederum gut für die Gesundheit ist. Am besten, Sie lesen sie sich in ruhigen Momenten am Morgen und kurz vor dem Schlafengehen vor. Sie können die Texte aber auch auf Band sprechen und sie sich in aller Ruhe anhören.

Es spielt keine Rolle, ob Sie bereits einige Monate oder gar mehrere Jahre auf Ihren Seelenpartner warten – dieses Buch vermittelt Ihnen das Wissen und gibt Ihnen die Werkzeuge an die Hand, mit denen Sie den Traum von der großen Liebe wahr machen können.

Und jetzt wollen wir anfangen!

Arielle Ford   La Jolla, Kalifornien

KAPITEL 1

Glauben Sie

Deine Aufgabe ist nicht, nach Liebe zu suchen, sondern nur, alle Schranken in dir selbst zu finden, die du dagegen errichtet hast.   Rumi

Stefanies Geschichte:
Ein gebrochenes Herz und viele Zweifel

Ich verliebte mich unsterblich in jemanden, den ich mit meinem ganzen Herzen für »den Richtigen« hielt. Wir waren fünfzehn Jahre befreundet gewesen, bevor wir eine Beziehung anfingen, und wir passten in jeder Hinsicht super zusammen. Er war inzwischen ein ehrgeiziger Hollywood-Produzent, und wir sprachen bereits von Heirat und Hauskauf. Dann fand ich heraus, dass er eine Affäre gehabt hatte. Mein Herz bekam einen solchen Sprung, dass ich wirklich befürchtete, es würde stehen bleiben. Nie zuvor habe ich wegen einer Trennung so viel geweint, denn ich hatte wirklich gedacht, dieser Mann sei mein Seelenpartner. Damals kam ich zu dem Schluss, alle guten Männer seien bereits vergeben oder sie lebten nicht in meiner Umgebung. Ich konnte einfach nicht glauben, dass ich jemals wieder jemanden finden würde, der alle Seiten von mir sehen (und lieben) konnte: die seriöse Geschäftsfrau, das verspielte Mädchen und die zärtliche Geliebte. Ich hatte aufgegeben.

(Lesen Sie auf Seite 207, wie es weitergeht... Diese Geschichte hat ein Happy End!)

Das Gesetz der Anziehung

Stefanies Geschichte spiegelt genau die Gefühle, die viele von uns nur zu gut kennen. Nach einigen (oder vielen) schlechten Beziehungen ist es so leicht, sich zu verschließen, aufzugeben, daran zu zweifeln, dass es den richtigen Menschen für uns gibt. Unser Herz sehnt sich danach, sich zu verlieben, aber unser Verstand behauptet hartnäckig, das sei unmöglich. Es ist, als würde ein Teil von uns schreien: »Ja! Ich habe eine tolle Beziehung verdient!«, während der andere Teil beharrt: »Ich finde ihn oder sie niemals.« Wenn unsere Überzeugungen im Widerspruch zu unseren Wünschen stehen, geraten wir in einen inneren Konflikt, der uns nicht nur handlungsunfähig macht, sondern uns außerdem daran hindert zu erkennen, welche Möglichkeiten der Liebe es ringsumher gibt.

Das universelle Gesetz der Anziehung besagt, dass wir jene Menschen, Ereignisse und Umstände anziehen, die unserem inneren Seinszustand entsprechen. Anders gesagt: Wir ziehen Erfahrungen an, die mit unseren Überzeugungen übereinstimmen. Wer glaubt, die Welt sei voller Liebe und er hätte es verdient, diese Liebe zu schenken und zu erhalten, der wird ganz andere Beziehungen erleben als jemand, der glaubt, es herrsche ein Mangel an Liebe und er habe Glück nicht verdient. Wer davon überzeugt ist, die Welt sei ein liebevoller, freundlicher Ort, der wird sie auch meistens so erleben. Wenn man die Welt als chaotisch, feindlich und beängstigend ansieht, dann sieht unsere Realität am Ende genauso aus. Soll sich also Ihr Seelenpartner beziehungsweise Ihre Seelenpartnerin in Ihrem Leben manifestieren, müssen Sie als Erstes daran glauben und der festen Überzeugung sein, dass dieser Mensch bereits irgendwo existiert.

Wenn Sie nicht hundertprozentig sicher sind, dass es Ihren Seelenpartner bereits gibt, müssen Sie nach Beweisen suchen, die Ihnen diese Gewissheit geben. Wenn Sie im Grunde Ihres Herzens fest an die Existenz Ihres Seelenpartners glauben, stehen ihm unbegrenzte Möglichkeiten offen, in Ihr Leben zu treten.

So erging es meiner Freundin Trudy, die ihren Ehemann in der Lebensmittelabteilung eines Supermarkts kennenlernte. Oder ich denke an Patricia, eine ehemalige Arbeitskollegin, deren beste Freundin sie gegen ihren Willen auf eine Party mitschleifte, wo sie ihrem späteren Ehemann an der Garderobe begegnete. Bei Gayle Seminara-Mandel, deren Geschichte Sie in einem späteren Kapitel lesen können, war es so: Ungeschminkt und im Trainingsanzug saß sie neben ihrem künftigen Ehemann auf einem Trainingsrad im Fitnessstudio, in das sie sich an einem ereignislosen Silvesterabend begeben hatte. Sean Roach, über den Sie später ebenfalls etwas erfahren werden, fragte sich nach einem dreiwöchigen Australienaufenthalt auf dem Heimflug, ob er wohl jemals die richtige Frau zum Heiraten finden und mit ihr eine Familie gründen würde. Als auf dem Flug ein Passagier ungehalten wurde und die Stewardess anherrschte, stand Sean auf, um sie in Schutz zu nehmen, und sah dabei unversehens seiner künftigen Ehefrau in die Augen. Meinen Sie, der Engländer David Brown hätte auch nur die leiseste Ahnung gehabt, dass ihm eines Tages beim Aufwachen eine Handynummer durch den Kopf gehen würde, dass er eine SMS an diese Nummer schicken und schließlich mit der Handybesitzerin Freundschaft schließen würde, aus der irgendwann Liebe wurde?

Es geht nämlich gar nicht darum zu wissen, wie, wo oder wann Ihr Seelenpartner sich blicken lässt. Das Einzige, was Sie jetzt tun müssen, ist: den Glauben daran zu stärken, dass es diesen Menschen tatsächlich gibt und dass Sie beide sich finden werden, sobald der richtige Zeitpunkt gekommen ist.

Schluss mit dem negativen Selbstbild

Außerdem müssen Sie sich von einigen negativen Überzeugungen über sich selbst verabschieden, die sich vielleicht unbemerkt über die Jahre hinweg in Ihrem Kopf eingenistet haben. Glauben Sie zum Beispiel tief in Ihrem Innern, dass Sie liebenswert sind, oder zweifeln Sie daran? Wenn Sie dies hier lesen, bin ich überzeugt, dass Sie ein liebenswerter Mensch sind. Warum? Weil liebenswerte Menschen stets auf der Suche nach mehr Liebe im Leben sind. Falls Sie sich allerdings nicht für liebenswert halten, ist es an der Zeit, diese Überzeugung zu hinterfragen. Ich kenne viele attraktive, erfolgreiche Singles, die ziemlich negativ von sich denken oder deren ablehnende Anschauung von sich selbst ihre Suche nach dem Seelenpartner einschränkt. Auf ihrer Liste stehen meistens solche Dinge:

- Ich bin zu alt.

- Ich bin zu dick.

- Ich habe zu viel einstecken müssen.

- Ich habe zu viele Altlasten.

- Ich bin nicht erfolgreich genug.

- Ich bin zu erfolgreich.

- Die Guten sind alle schon vergeben.

- Keiner, für den ich mich interessiere, wäre an mir interessiert.

Das sind alles nur vorgeschobene Ausreden, die uns blockieren. Es gibt genügend Beweise dafür, dass jeder Mensch Liebe finden kann, egal wie alt er ist, wie viel er wiegt, wie viel er verdient oder was auch immer. Unabhängig von unserer persönlichen Beziehungs-geschichte können wir uns dafür entscheiden, ab jetzt daran zu glauben, dass alles, was wir durchgemacht ha-ben, nur die Vorbereitung dafür war, die wahre Liebe zu finden. ·

Meine Freundin Linda Sievertsen war dreiundvier-zig, als ihre Ehe nach neunzehn Jahren in die Brüche ging. Doch sie ist der lebende Beweis dafür, dass der Glaube an die Liebe, die Sie sich sehnlich wünschen, der erste entscheidende Schritt dafür ist, dass diese Liebe dann auch tatsächlich in Ihr Leben tritt.

Lindas Geschichte:
Das Gefühl der Befreiung und die zweite Chance

Es war Frühling, und mit unserer Ehe hätte es nicht besser laufen können. War es das schöne Wetter oder das Verstreichen der Zeit, das mein stürmisches Alpha-tier so sanft werden ließ? Es schien, als gerate er nicht mehr so leicht in Wut und hätte nicht mehr dauernd etwas an mir auszusetzen. Er schrie mich nicht mehr an, beschimpfte mich nicht mehr, drohte auch nicht

drohen - grozić

mehr bei der kleinsten Meinungsverschiedenheit damit, mich zu verlassen – na ja, meistens. Ich habe gelesen, dass ein erhöhter Östrogen- und ein niedrigerer Testosteronspiegel beruhigend auf Männer wirken, wenn sie älter werden. Und so dachte ich bei mir: »Danke, fortgeschrittenes Alter, dass du mir statt der emotionalen Achterbahnfahrten nun so etwas wie Harmonie schenkst!«

Doch in meinem Innern verspürte ich eine große Traurigkeit, weil ich mich mein Leben lang nach einer Beziehung gesehnt hatte, in der nicht emotional gemauert wurde und ich nicht dauernd wie auf rohen Eiern laufen musste. Ich hatte mir so sehr eine Partnerschaft gewünscht, in der wir beide in unseren reinen, offenen Herzen Raum für den anderen freihielten. Aber offenbar war diese Art von Liebe für mich einfach unerreichbar, und ich redete mir ein, das sei eben das, was man bekommt, wenn man jemanden heiratet, den man erst seit acht Wochen kennt. Hätte ich wirklich erwarten können, dass der Weg weniger beschwerlich sein würde? Andererseits – ist das Leben etwa für andere Menschen einfach?

Obwohl es in unserer Ehe mehr Tiefen als Höhen gab, hatten wir uns in unserem Leben gut eingerichtet. Mein Mann bezeichnete mich als seine beste Freundin, wir konnten zusammen lachen, hatten viele Gemeinsamkeiten und liebten unseren Sohn abgöttisch, der mich auf andere Gedanken brachte, auch wenn es in unserer Ehe an Leidenschaft mangelte. Zwar waren unsere Ansichten in puncto Erziehung völlig konträr, aber wir stimmten überein, dass unser Sohn bald aufs College gehen und wir dann irgendwann genug Zeit und Geld haben würden, um zu reisen und uns als Paar und nicht nur als gestresste Eltern kennenzulernen. Ich hatte da so meine Zweifel, aber vielleicht gab es doch die Chance, jetzt, wo mein Mann mit einem Mal so friedlich war, miteinander vertrauter zu werden und sich näherzukommen. Vielleicht gab es einen Weg, wie wir uns für die Liebe öffnen konnten, die sich mein Herz erhoffte – schließlich waren wir zwei Menschen, die dem anderen gegenüber eine Verpflichtung eingegangen waren.

Drei Tage vor unserem neunzehnten Hochzeitstag fand ich dann heraus, weshalb mein Ehemann sich plötzlich so sanftmütig gebärdete – er hatte eine Affäre mit einer anderen Frau. Sie lebte in einem anderen Bundesstaat und hatte zwei kleine Kinder, die ihn »brauchten« und ihm das Gefühl gaben, lebendig zu sein. Er nahm diese Beziehung zum Anlass, mich und meinen Sohn zu verlassen und 1200 Meilen von uns wegzuziehen. In nur einem Augenblick waren meine Pläne, meine Träume, die Möglichkeiten, die wir vielleicht gehabt hätten, verpufft. Während er einer strahlenden Zukunft entgegensah, war ich am Boden zerstört. Ich trauerte um den Verlust meiner Familie (und sehr wahrscheinlich auch meines Zuhauses), versuchte, die wichtigsten beruflichen Verpflichtungen einzuhalten, und konnte monatelang fast nicht schlafen. Das Schlimmste dabei war: Wie sollte ich unseren halbwüchsigen Sohn darüber hinwegtrösten, der das Gefühl hatte, eine Atombombe sei genau in unserem Wohnzimmer explodiert?

Trauern wurde mir zur täglichen Gewohnheit. Ich hatte innerhalb der letzten zehn Jahre beide Eltern verloren, ich kannte also das Gefühl von Trauer. Die Nachbarn sahen, wie ich die Hunde ausführte, während mir die Tränen übers Gesicht strömten. Ich wusste: Diesmal würde es nur schlimmer werden, wenn ich nicht diesen schrecklichen schwarzen Klumpen loswurde, der auf meinem Herzen lastete und meinen Verstand beeinträchtigte. Ich schrie in mein Kissen und weinte so heftig, dass ich kaum die Energie fand, mich aufzuraffen. Mir war klar: Wenn ich diesen Mann, seinen Verrat und unser verlorenes Leben nicht aus jeder Faser meines Seins vertrieb, würde ich emotional angeschlagen bleiben – mit schwer angeknackstem Selbstwertgefühl – und die Nase für immer voll haben von Männern, Liebe und der Institution Ehe, an die ich so fest glaubte.

Aber schon nach vier oder fünf Monaten wurde mir noch etwas anderes klar: Mein Exmann hatte mich befreit. Er hatte mir einen Gefallen getan, weil es die große Liebe für mich irgendwo wirklich gab – die Liebe, auf die ich immer gehofft hatte. Ich konnte es fühlen und fing an, Gott für die Frau zu danken, die jetzt die Zuneigung meines Mannes genoss, sodass ich frei sein konnte. Meine Schwester witzelte, wir sollten dieser Frau Blumen schicken, weil der innere Friede, den ich als Alleinstehende verspürte, viel größer war als die Freude, die ich als Ehefrau empfunden hatte.

Ich lernte allmählich, das Alleinsein zu genießen, konnte aber zugleich fühlen, dass »er« ganz in der Nähe war und eine willkommene Ergänzung zu dem Glück darstellen würde, das ich bereits verspürte. Ich wusste, dass er Bedürfnisse erfüllen würde, die tief in mir schlummerten und während meiner Ehe nie befriedigt wurden (so wie die Freundin meines Exmannes ihm sicher seine Bedürfnisse erfüllte). »Ich spüre, dass jemand ganz Besonderes auf dem Weg zu mir ist«, sagte ich zu meiner Therapeutin, »aber ich bin noch nicht dafür bereit. Ich weiß, dass ich viel Zeit brauchen werde, bis die Wunden verheilt sind.« »Linda«, entgegnete sie, »du hast so viel Liebe zu geben. Ich habe das Gefühl, du bist schon lange dafür bereit. Vielleicht schon seit Jahren.«

Während mir meine Freunde rieten, ich sollte ein Jahr lang keine feste Beziehung eingehen, halfen mir die Worte meiner Therapeutin dabei, mein inneres Wissen zu stärken. Ich hörte nicht auf das, was andere sagten. Ich hatte wirklich keine Lust, mich monate- oder gar jahrelang abzuschotten, nur weil mir irgendjemand mit einem Ratschlag kam, wie ich mich von diesem Verlust erholen sollte. Falls die große Liebe auf dem Weg zu mir war, würde ich alles dafür tun, dass sie in mein Leben trat. Ich wollte ein Großreinemachen in meinem Leben veranstalten und Raum für meinen Seelenpartner schaffen, damit er das, was ich noch zu geben hatte, genießen konnte.

Ich fing mit Gymnastik an. Ich unternahm etwas mit meinen Freundinnen. Ich zeigte mich in der Öffentlichkeit. Ich ging hin und wieder mit jemandem aus. Ich tat eine Menge. Ich war nicht im Entferntesten bereit, mich mit einem Mann auf mehr Intimitäten als ein paar Küsse einzulassen, und nahm niemanden mit nach Hause, damit er meinen Sohn kennenlernte. Meistens waren es unbeschwerte, lockere Freundschaften mit Männern, die mir wieder ins Gedächtnis riefen, wie schön es ist, zu flirten und sich jemandem zu öffnen. Aber trotz der Oberflächlichkeit und der manchmal scheinbar lächerlichen Belanglosigkeit dieser Begegnungen gab ich meine Absicht, nach einem wirklichen Partner zu suchen, nicht auf. Ich stellte mir gern vor, wie er mich im Arm hielt und küsste. Ich konnte ihn spüren, als wäre er aus Fleisch und Blut. Jeden Tag kam er näher und näher – ich zweifelte nicht daran –, und deshalb quälte mich unweigerlich irgendwann die Frage, wie ich ihn denn erkennen würde, wenn er vor mir stand. Also beschloss ich, proaktiv zu werden.

Am nächsten Tag schickten mir meine liebe Freundin Arielle Ford und ihr Mann Brian (die mich nach mei-

ner Trennung immer wieder aufgemuntert und regelmäßig angerufen hatten) ihr Soulmate-Kit und detaillierte
Anweisungen zur Anfertigung einer »Schatzkarte«, mit
der man unter anderem seinen Seelenpartner anziehen kann. Ich konnte es kaum erwarten, das Bild, das
ich mir von ihm machte, noch genauer und präziser
auszuarbeiten.

Schon Jahre zuvor hatte ich solche Karten angefertigt; eine für eine Wohnung, die sich, wie ich hoffte,
manifestieren würde (das geschah auch, und zwar
stimmte sie erstaunlich mit meinen Wünschen überein), und eine für meine Karriere als Schriftstellerin
(auch hier mit durchschlagendem Erfolg). Ich hatte damals in einem Anfall von Verrücktheit so viele Wörter
und Bilder aus Zeitschriften ausgeschnitten, dass ich
sie zu Hunderten in eine Schachtel legte, um sie später
einmal zu verwenden. Ich musste diese Schachtel wie-
derfinden! Bestimmt lag sie im hintersten Winkel ir-
gendeines Schrankes.

Ich bemalte eine rote Leinwand, blätterte stunden-
lang in Zeitschriften und durchsuchte die Ausschnitte
von früher nach den geeignetsten für meine jetzige
Karte. Diese Schatzkarte sollte ein schlichtes, schönes
Kunstwerk werden und alle die von mir gewünschten
Gefühle heraufbeschwören: zum Beispiel »Glückselig-
keit«, »authentisch«, »verantwortungsvoll«, »ein Mann
in Bestform«, »gut aussehend«, »der beste Platz im
Universum« (das bezog sich auf vier nackte Füße, die

am Ende eines Bettes unter der Decke hervorlugten)
und »große Geister denken gleich«.

Dann fiel mir beim Durchstöbern der Schachtel etwas Sonderbares auf: der ausgeschnittene Name
CHRIS in weißer Schrift auf blauem Hintergrund. Das
war merkwürdig. Wie kam denn dieser Name hierher?
Ich war mir sicher, nie einen anderen Namen als meinen eigenen oder den meines Mannes ausgeschnitten
zu haben. Es war verrückt, denn ich hatte erst letzte
Woche eine ganz erstaunliche Verabredung mit einem
Mann namens Chris gehabt. Da er aber so sehr mit seiner Versetzung in einen anderen Arbeitsbereich be-
schäftigt war, hatten wir noch kein weiteres Date ver-
einbart. Ich hatte gehofft, er würde anrufen, fand mich
aber mit Bedauern damit ab, dass er es wohl nicht tun
würde. Konnte dies ein Zeichen sein? Oh Gott, ich
hoffte es so sehr. Ich fühlte mich definitiv mehr zu ihm
hingezogen als zu irgendeinem anderen Mann, mit
dem ich ausgegangen war (oder genauer gesagt, den
ich jemals in meinem Leben kennengelernt hatte).

Dass ich Chris' Namen vor mehreren Jahren aus irgendeinem Grund ausgeschnitten hatte, nagte ein
paar Stunden an mir. Der Ausschnitt war nicht klein,
aber auch nicht viel größer als die meisten anderen. Da
ich letztes Jahr eine Kette mit einem Christophorusan-
hänger getragen hatte, die ich mir selbst gekauft hatte,
bevor mein Mann auszog, wirkte der Schriftzug CHRIS
außerdem noch verheißungsvoller. Die einzige Erklä-

rung, die ich letztlich dafür fand, war, dass ich wahrscheinlich irgendwann einmal das Wort CHRISTMAS in einer Zeitschrift gesehen und für meine beste Freundin Diane ausgeschnitten hatte (sie ist mit einem »Chris« verheiratet), für den Fall, dass ich ihr einmal eine Schatzkarte anfertigen sollte. Bloß habe ich das nie gemacht und auch nie vorgehabt und bezweifelte, dass ich es jemals tun würde.

Nun denn. Ich arbeitete mehrere Tage lang in der Küche an meiner Karte und gab ihr den letzten Schliff. An einem Dienstagnachmittag trug ich sie hoch in mein Schlafzimmer, schlug einen Nagel in die Wand und hängte mein Werk über dem Bett auf. Ich bat kurz darum, die Schatzkarte möge mir meinen Seelenpartner bringen, berührte dabei jedes Bild auf der Karte und beließ es dann dabei, im Vertrauen darauf, dass die Karte ihre eigene Magie entwickeln werde.

Am selben Abend rief Chris dann doch an. Er sagte, er habe nach einem sehr anstrengenden Arbeitstag Kopfschmerzen und werde sich jetzt gleich ins Auto setzen und eine Runde fahren. »Komm doch bei mir vorbei«, schlug ich vor, ohne daran zu denken, dass es schon spät war und die Fahrt zu mir vierzig Minuten dauerte. Auch die unter uns Frauen »geltende Regel«, dass die Männer doch bitte schön rechtzeitig vor einem Date anrufen sollten, hatte ich schlagartig vergessen. »Ich pfeife auf die Regeln«, dachte ich, »ich bin 43 Jahre alt und brenne darauf, diesen Typen zu sehen.«

Als Chris kam, setzte ich ihm den Rest meines Abendessens vor, und dann ging dermaßen die Post ab, dass wir seither praktisch unzertrennlich sind. Mein toller Typ und ich sind wahnsinnig verliebt. Und obwohl meine Scheidung noch lange nicht vollzogen ist, sprechen wir oft darüber, wie wir unser gemeinsames Leben gestalten wollen. Als Chris zum ersten Mal meine Schatzkarte sah, wirkte er beim Betrachten der Bilder total fasziniert. Als er einige Wochen später wieder einen Blick darauf warf, wurde ich ein bisschen nervös, verriet ihm aber, dass ich seinen Namen in der Schachtel gefunden hatte. »Warum klebst du ihn nicht drauf?«, wollte er wissen. »Meinst du das ernst? Bist du sicher? Das ist nämlich ein Riesenschritt«, sagte ich lachend. Am nächsten Tag zeigte ich ihm den Ausschnitt mit seinem Namen und fragte: »Wohin soll ich ihn kleben?« Nach einem kurzen Blick auf die Karte meinte er, ich solle ihn in den Bereich einfügen, den ich mit »Ehe« beschriftet hatte. Ich sah ihn an, um herauszufinden, ob er sich über mich lustig machte, aber er grinste nur und wiederholte seine Aufforderung. Das ließ ich mir nicht zweimal sagen und fügte den Schnipsel voller Freude ein.

Die Zeit wird zeigen, ob Chris und ich wirklich einmal heiraten und den Rest unseres Lebens zusammenbleiben werden. Ich kann mir nicht vorstellen, dass es anders sein wird. Er ist all das, worum ich auf der Schatzkarte gebeten habe, und noch viel mehr als das. Ich habe meinen Mann damals geheiratet, weil ich dachte, wir würden »Lebenspartner« werden, wie in dem Spruch »Bis dass der Tod euch scheidet« (oder noch länger). Aber zum Glück ist das Leben lang, und die Dinge verändern und entwickeln sich. Jedenfalls ist mein Leben durch Chris schon so viel fröhlicher, leidenschaftlicher und harmonischer geworden, dass tief in meinem Innern ein Heilungsprozess in Gang gesetzt wurde, so als hätte Chris mitgeholfen, meinen großen Schmerz wegzuspülen. Und mit seiner Liebe ist es mir gelungen, wieder mehr Sicherheit zu gewinnen und ein gutes Verhältnis zu meinem Exmann aufzubauen: unserem Sohn zuliebe und um die guten Dinge, die wir so viele Jahre lang miteinander erlebt haben, zu würdigen.

So wie ich es auf meiner Karte mit Bildern und Worten zum Ausdruck brachte, sieht Chris mich in einer Weise an, dass ich das Gefühl habe, bewundert, begehrt und von ganzem Herzen geliebt zu werden. Und dadurch, dass ich ihm dieses Gefühl zurückgebe, fühle ich mich in meiner Partnerschaft auf eine Art vollständig, wie ich es nie zuvor gekannt habe. Wenn ich in der Küche hantiere oder beim Zähneputzen bin, stellt er sich oft hinter mich, umschlingt mich mit den Armen und küsst meinen Nacken. Ich kann mir nichts Schöneres vorstellen.

Nachdem Lindas Ehe so schmerzlich zu Ende gegangen war, hätte sie für den Rest ihres Lebens an der alten Auffassung festhalten können, dass es die wahre Liebe für sie eben nicht gibt. Stattdessen entschloss sie sich zu glauben, dass »Schlimmes« aus einem triftigen Grund geschieht – meistens, damit Raum für die guten Dinge geschaffen wird, die im Anzug sind.

Die folgende *gefühlte Visualisierung* habe ich als Hilfe für Sie konzipiert, damit Sie alte, einschränkende und blockierende Überzeugungen über sich selbst, über andere Menschen und die Welt loslassen können, die möglicherweise verhindern, dass die lang ersehnte Liebe in Ihr Leben tritt. Lesen Sie sie sich selbst vor oder lassen Sie sie sich von jemandem vorlesen und schließen Sie dabei die Augen.

Gefühlte Visualisierung: Alte Überzeugungen loslassen

Nehmen Sie sich zunächst einmal kurz Zeit, um sich an Ihre unerfreulichsten Beziehungen zu erinnern – jene Menschen, die alles andere als liebevoll mit Ihnen umgegangen sind; diejenigen, die Sie gern vergessen würden; diejenigen, die Ihnen am meisten wehgetan und Ihr Vertrauen missbraucht haben und der Grund dafür sind, dass sich Ihr Herz verschlossen hat.

Stellen Sie sich dann vor, alle diese Verflossenen würden vor Ihnen stehen. Erlauben Sie sich, den Schmerz zu fühlen, den sie Ihnen einst zugefügt haben.

Fragen Sie sich dann, was Sie damals wohl über sich selbst dachten, dass Sie sich dieses Verhalten gefallen ließen. Glaubten Sie, Sie hätten es nicht besser verdient? Oder Sie hätten nicht das Recht, mehr zu fordern? Oder Sie seien nicht liebenswert genug?

Holen Sie jetzt einmal tief Luft und fragen Sie sich: »Bin ich bereit, diese alten Überzeugungen loszulassen?« Achten Sie auf die Antwort, und wenn Sie wirklich dazu bereit sind, diese Überzeugungen loszulassen, stellen Sie sich vor, Sie nähmen die ganzen alten, schmerzlichen Gefühle, Überzeugungen und Einschränkungen und projizierten sie allesamt auf Ihre Verflossenen, die immer noch vor Ihnen stehen. Stellen Sie sich einfach vor, Sie laden diese gesamten schmerzlichen Gefühle einfach bei diesen Menschen ab. Spüren Sie kurz nach, wie sich das anfühlt.

Stellen Sie sich jetzt vor, Sie hätten eine Spraydose in der Hand, wie es sie zum Farbensprühen oder Möbelpolieren gibt. Beobachten Sie sich dabei, wie Sie die Spraydose auf Ihre Verflossenen richten. Gleich werden Sie auf die Düse drücken und den Inhalt der Dose versprühen, und dabei verkleben all diese Personen und alle schmerzlichen Erinnerungen zu einer riesigen Blase.

Genießen Sie das Gefühl, das sich einstellt, wenn Sie die Dose leer sprühen und aus all diesen unschönen Erinnerungen, Erlebnissen und Überzeugungen eine einzige

Blase wird. Sie haften jetzt nicht mehr an Ihnen, Sie sind sie los. Holen Sie tief Luft und freuen Sie sich über die neu gewonnene Freiheit.

Stellen Sie sich nun vor, Sie hielten in der linken Hand eine lange, spitze Nadel. Vielleicht müssen Sie allein bei der Vorstellung grinsen, worum ich Sie gleich bitten werde. Ganz richtig: Wenn Sie so weit sind, nehmen Sie die Nadel und stechen damit in die Blase. Beobachten Sie, wie sie platzt und sich in Luft auflöst.

Diese Menschen sind nun aus Ihrem Bewusstsein gelöscht ... und mit ihnen die schmerzlichen Gefühle, Überzeugungen und Erfahrungen aus der Vergangenheit. Kosten Sie das Gefühl aus, die Last Ihrer Vergangenheit nicht länger mit sich herumtragen zu müssen. Fühlen Sie die Freiheit, die neuen Möglichkeiten, die Erleichterung.

Atmen Sie tief durch und beobachten Sie, was in Ihnen hochsteigt, wenn ich Ihnen folgende Frage stelle:

Was müssten Sie über sich selbst glauben, um Ihren Seelenpartner beziehungsweise Ihre Seelenpartnerin wie ein Magnet in Ihr Leben zu ziehen?

Müssten Sie glauben – und auch wissen –, dass Sie liebenswert sind? Dass Sie Liebe verdient haben? Dass Sie ein richtig guter Fang sind?

Glauben Sie daran und seien Sie tief in Ihrem Herzen gewiss, dass der oder die Richtige bereits zu Ihnen unterwegs ist; dass Sie es verdient haben, dass sich Ihre Wünsche erfüllen und dass Sie es wert sind, Liebe zu schenken und zu bekommen.

*Falls Sie das heute noch nicht so richtig glauben kön-
nen, dann versuchen Sie doch, genau in diesem Moment
zu glauben, dass der oder die Richtige schon auf dem Weg
zu Ihnen ist und Ihnen dies mit jedem Tag bewusster
wird ...*

Überlegen Sie sich in dieser Zeit, was Sie zu geben
haben, und falls Sie vergessen haben, was das ist, würde
ich Sie gern daran erinnern ... Es ist die Liebe, die Sie
schenken und empfangen, es ist die Freundlichkeit und
Wärme, die Sie ausstrahlen – ganz zu schweigen von all
Ihren anderen Eigenschaften ...

*Sie sind auf der Welt, um geliebt, geschätzt und vergöttert
zu werden.*

Wiederholen Sie diesen Satz sieben Mal, sodass er tief
in Ihr Herz dringen kann.

Letztendlich ist es nicht Ihre Aufgabe herauszufinden, *wie* sich Ihr Seelenpartner zeigen wird. Sie müssen
einzig und allein dazu bereit sein und sich bereitwillig
für diese Liebe öffnen. Sie wissen ja auch nicht genau,
woher Luft und Wasser kommen, aber Sie sind völlig
davon überzeugt, dass beides zu Ihrer Verfügung steht
und dass Sie ein Recht auf Luft und Wasser haben.
Egal, welche Fehler Sie in der Vergangenheit gemacht

haben, Sie wachen immer noch jeden Morgen auf, und es stehen Ihnen Luft und Wasser zur Verfügung. Dasselbe gilt für die Liebe. Sie steht Ihnen zur Verfügung. Sie war immer für Sie da. Sie müssen sich nur die Liebe, die Sie sind, in Erinnerung rufen, und dann bringt Ihnen das Universum noch mehr davon. Mit anderen Worten: Sie brauchen nichts zu *tun*, sondern einfach nur zu *sein*. Seien Sie der liebevolle Mensch, der Sie sind; leben Sie im Wissen, dass Sie eine liebevolle, engagierte Beziehung verdient haben; und genießen Sie es, auf Ihren Liebsten/Ihre Liebste zu warten.

Ihr Glaube, dass es Ihren persönlichen Seelenpartner gibt, dass Sie ihn oder sie verdient haben und dass das Universum Ihre Begegnung geschickt in die Wege leiten wird, ist die Grundlage für die Umsetzung des zweiten Teils des Rezepts vom *Geheimnis der Liebe*. Hier werden Sie eine Vorstellung von sich und dem Leben entwickeln, wo diese Überzeugungen zur täglichen Realität werden.

Eine Schatzkarte für die Liebe

Mit einer Schatzkarte, wie sie Linda hingebungsvoll anfertigte, können Sie sehr gut alles Mögliche manifestieren, denn mit ihr erkennen Sie intuitiv und objektiv, welche Erfahrungen Ihr Herz gern machen möchte. Eine Schatzkarte ist wie eine visuelle Erinnerung daran, wie Ihr Leben in der Zukunft aussehen soll. Ich kreiere schon seit Jahren Schatzkarten, und es ist direkt unheimlich, wie viele von den Bildern und Ideen, die ich eingezeichnet habe, sich in meinem Leben bereits erfüllt haben. Als ich einst innerhalb von Monaten umziehen musste, fabrizierte ich eine Schatzkarte, auf die ich auch ein besonders ansprechendes Bild von einem Schlafzimmer mit Meeresblick klebte. Als es an der Zeit war, auf Wohnungssuche zu gehen, gab es bereits im ersten Haus ein riesiges Schlafzimmer mit genau dieser Aussicht, dem gleichen Teppichboden und den gleichen Holzfensterrahmen – genau so, wie ich es mir vorgestellt hatte. Solch eine Macht kann eine Schatzkarte haben!

Beim Anfertigen Ihrer Schatzkarte können Sie sich entweder voll und ganz auf Ihren Seelenpartner konzentrieren oder die Karte in vier Lebensbereiche unterteilen:

1. Liebe und Beziehungen

2. Gesundheit und Fitness

3. Beruf und Geld

4. Spirituelle und emotionale Erfüllung

Für Ihre Schatzkarte benötigen Sie

⊙ einen großen Bogen Kartonpapier oder eine Styroporplatte,

⚬ einen Stapel Lieblingszeitschriften, die Ihre persönlichen Interessen und Ihren individuellen Geschmack widerspiegeln,

⚬ Klebstoff und Schere,

⚬ mehrere Stunden Zeit für dieses Projekt.

Blättern Sie die Zeitschriften durch und schneiden Sie Bilder, Wörter und Fotos aus, die Sie ansprechen. Zerbrechen Sie sich dabei nicht den Kopf darüber, welche Wörter und Bilder Sie ausschneiden sollen, sondern vertrauen Sie Ihrem Bauchgefühl. Es sollte mindestens ein Bild oder Foto von einem Liebespaar dabei sein, zum Beispiel zwei Verliebte, die Hand in Hand am Strand entlangschlendern. Suchen Sie nicht nach einem bestimmten Gesicht, sondern nach Aufnahmen, die genau das gewünschte Gefühl vermitteln, also Bilder, die Liebe, Romantik, Bindung und Harmonie ausstrahlen. Wenn Sie den Wunsch haben, Ihren Seelenpartner beziehungsweise Ihre Seelenpartnerin zu heiraten, dürfen es auch Verlobungsringe, Eheringe, eine Hochzeitstorte und Ähnliches sein. Fügen Sie auch ein Foto von sich selbst hinzu, auf dem Sie richtig glücklich aussehen, und schreiben Sie rings um dieses Foto Begriffe, die Ihre Überzeugung zum Ausdruck bringen, dass Sie Liebe finden werden. Ihre Schatzkarte soll ja bekräftigen, dass Sie geliebt, verehrt, geschätzt und angebetet werden möchten.

Wenn Ihre Schatzkarte fertig ist, sollten Sie sie irgendwo anbringen, wo Sie sie jeden Tag sehen können. Aber räumen Sie sie aus dem Blickfeld, wenn Besuch kommt. Es muss nicht sein, dass andere ihre Meinung oder Energie auf Ihre Träume und Vorhaben projizieren. Ihre Schatzkarte ist nur für Sie allein gedacht. Ich mache aus meiner Schatzkarte gern einen Altar mit Kerzen, frischen Blumen und spirituellen Utensilien. Sie können sie auch in der Beziehungsecke Ihres Schlafzimmers platzieren, wo sie Sie daran erinnert, was Sie alles zu geben haben und was Sie bereit sind zu empfangen (mehr dazu in Kapitel 3).

Ich habe so oft gehört, welche erstaunlichen Dinge sich ergaben, wenn jemand mit der Schatzkarte arbeitete. Oberflächlich betrachtet mag es unglaublich oder wundersam klingen, aber heute weiß ich, dass die Zuhilfenahme einer Schatzkarte an den Tag bringt, welche Eigenschaften uns bei einem Partner vielleicht unterbewusst wichtig sind. Ein täglicher Blick auf Ihre Karte erinnert Sie an Ihre verborgensten Wertvorstellungen und hilft Ihnen, sie dort zu suchen, wo Sie sie bisher vermissten.

Vergessen Sie nicht: Das, was Sie im tiefsten Innern Ihres Herzens und mit Ihrem Verstand über sich denken, ist genau das, was Ihnen durch äußere Umstände gespiegelt wird. Das ist doch eine richtig gute Nachricht! Denn es bedeutet, dass es praktisch keine Grenze und auch kein weltliches Barometer gibt, das Ihren inneren Wert messen kann. Sie sind von Natur aus liebenswert, und sobald Sie anfangen, dies mit Herz und Verstand wirklich zu glauben, werden Sie bald überall den Beweis dafür entdecken. Jetzt ist es Zeit, sich so zu sehen, wie Ihr geliebter Partner beziehungsweise Ihre geliebte Partnerin Sie sehen soll, und sich so zu behandeln, wie er oder sie Sie behandeln soll. Sie würden sich nicht nach der wahren Liebe sehnen, wenn Sie nicht selbst zu dieser Liebe fähig wären.

Auch mein Freund Ken hatte mit seiner Schatzkarte großen Erfolg.

Kens Geschichte:
Meine Liebeskarte

Vor vielen Jahren lebte ich in einer Beziehung, die von außen betrachtet gut lief. Unsere Freunde hielten uns für das ideale Paar, aber in Wahrheit war es eine schmerzliche Beziehung, in der wir uns beide einsam fühlten. Statt uns gegenseitig in unserem Wachstum zu unterstützen, schienen wir nur die Schwächen des anderen zu sehen, und heftige Auseinandersetzungen waren praktisch an der Tagesordnung. Ich empfand meine Lage als Sackgasse und war ziemlich deprimiert. Andererseits glaubte ich fest daran, dass ich eine wunderbare Beziehung verdient hätte – eine, die meiner Seele Nahrung gab und geistig belebend wirkte. Deshalb wollte ich da raus, aber nicht um mich gleich wieder in eine andere schlechte Beziehung zu stürzen, sondern die nächste sollte eine ganz tolle Beziehung sein.

In dieser Zeit begann ich mit einer Lehrerin zusammenzuarbeiten, die mir versicherte, ich könne im Leben alles bekommen, was ich wolle, wenn ich lernte, die Macht meines Verstandes einzusetzen. Sie meinte, wenn ich eine tolle Beziehung haben wolle, müsse ich etwas an meinen Grundüberzeugungen über die Funktionsweise des Universums ändern. Alles was ich mir im Kopf bildlich vorstellte, würde sich im Außen zeigen, sagte sie, und zwar aufgrund des »Gesetzes der Anziehung«. Meine Aufgabe sei es, mir darüber klar zu werden, was für eine Beziehung ich wirklich wollte, und dann darauf zu vertrauen, dass sie sich tatsächlich genau so ergeben werde. Ich war ein bisschen skeptisch, andererseits aber bereit für eine Veränderung, und so beschloss ich, es einmal zu versuchen.

Ich bastelte eine »Traumkarte«, die mir als visuelle Gedankenstütze für das dienen sollte, was ich mir in meinem Leben wünschte. Und natürlich wollte ich die Frau manifestieren, die ich eines Tages heiraten würde. Als ich eine Zeitschrift durchblätterte, fiel mein Blick auf das Foto von einer Brünetten in tropischer Umgebung. Sie hatte den Kopf nach hinten geneigt und wurde von türkisblauem Wasser umspült. In ihren halb geschlossenen Augen und dem angedeuteten Lächeln konnte ich so etwas wie Ekstase entdecken. Beim Betrachten dieses Fotos war mir, als hätte ich durch einen schmalen Spalt meine Seelenpartnerin gesehen. Ich wusste, sie würde schön, körperlich fit, treusorgend, liebevoll und loyal sein und ein gutes Herz haben.

Dank meiner Traumkarte wurde mir klar, welche Eigenschaften und Verhaltensweisen ich von meiner nächsten Partnerin unbedingt erwartete. Aber ich wusste immer noch nicht, was ich in meinem Innern akzeptieren musste, damit ich meiner Seelenpartnerin auch wirklich begegnete. Eines Tages – ich meditierte gerade über meiner Traumkarte – hörte ich eine leise Stimme in mir sagen: »Lebe mit Gewissheit.« Zuerst wusste ich nicht, was das bedeuten sollte, aber allmählich begriff ich. Ich hatte in meinem Leben bisher sehr viel gezweifelt. Ich bezweifelte, dass ich die richtige Partnerin finden würde. Ich zweifelte an meiner Fähigkeit, gut für sie zu sorgen. Ich hegte Zweifel an meinem spirituellen Weg. Ich hatte Zweifel, ob ich als Ehemann geeignet war. Ich zweifelte, ob die Traumkarte hilfreich war. Ich zweifelte in so vieler Hinsicht an mir selbst und merkte in jenem Moment, dass ich mich genau deshalb verrannt hatte. Die Frau, die ich zu mir heranziehen sollte, passte energetisch nicht zu den Zweifeln, die mich plagten.

In diesem Augenblick beschloss ich, mein Leben nicht mehr als Zweifler zu verbringen. Bewusst und in voller Absicht erneuerte ich meinen Glauben in jeder nur möglichen Hinsicht. Ich konzentrierte mich auf meine Stärken und meine besten Fähigkeiten, ich lebte aus der Gewissheit heraus und vertraute und folgte den Impulsen, die aus meinem Innern kamen.

Schon eine Woche nach dieser Entscheidung wurde Judy für mich sichtbar. Ich sage »sichtbar«, weil wir uns tatsächlich schon mehrere Jahre zuvor begegnet waren – beim Shared-Vision-Essen, zu dem mich meine Lehrerin mitgenommen hatte! Im Laufe der Jahre waren wir Freunde geworden, aber ich war aufgrund meiner Zweifel und meiner Verunsicherung so konfus, dass ich ihr wahres Wesen nicht erkennen konnte.

Nachdem wir einen Monat miteinander gegangen waren, machte ich Judy einen Heiratsantrag. Wir verbrachten unsere Flitterwochen auf Kauai, und eines Tages, als wir in einem tropischen Pool schwammen, fiel mir eine besondere Felsformation auf, über die türkisblaues Wasser strömte. Ich bat Judy, sich unter dem Wasserfall nach hinten zu lehnen, damit ich ein Foto machen konnte. Als wir die fertigen Fotos zurückbekamen, war ich sprachlos. Das Foto, das ich an jenem Tag gemacht hatte, war exakt das Bild von meiner Traumkarte ... die langhaarige Brünette im Badeanzug – mit dem ekstatischen Blick, der mich so gefangen genommen hatte. Diesmal war sie kein Traumbild, sondern meine Frau. Heute führen Judy und ich ein – wie die meisten wohl sagen würden – traumhaftes Leben in San Diego, Kalifornien. Wir sind jetzt neun Jahre verheiratet, und unsere Beziehung wird immer besser.

KAPITEL 2

Seien Sie bereit

Ich habe etwas herausgefunden:
Wenn du das Leben liebst, liebt
es dich auch. Arthur Rubinstein

Während ich mich darauf vorbereitete, meinen Seelenpartner zu manifestieren, traf ich mich mit Jeremiah Abrams, einem jungianischen Psychotherapeuten und Gründer des Mount Vision Institute in Kalifornien.

Jeremiah leitete mich sanft dazu an, Dinge an mir zu sehen, die ich mir bisher nicht hatte eingestehen wollen, zum Beispiel die Verteidigungsmechanismen, mit denen ich unbewusst die Liebe von mir fernhielt. Bei meinem Vorhaben (der Begegnung mit meinem Seelenpartner) unterstützte er mich vor allem dadurch, dass er einfach den Raum bot, in dem sich meine ideale Beziehung entfalten konnte. Seine Worte waren auch im übertragenen Sinn zu verstehen: »Ich glaube so sehr an deinen Traum, deinen Seelenpartner zu finden, dass ich ihn auch zu meinem Traum machen werde.«

Sind Sie wirklich bereit für die Liebe?

Jeremiah und ich stellten uns gemeinsam vor, wie ich in jeder Hinsicht bereit für die Begegnung mit meinem Seelenpartner sein würde, und unsere ganze gemeinsame Arbeit war auf dieses Endergebnis ausgerichtet. Es entwickelt sich eine ungeheure Kraft, wenn man die klare Absicht äußert, sich auf allen Ebenen für die Ankunft seines Lebenspartners bereit zu machen.

Betrachten Sie den Begriff Bereitschaft einmal unter praktischen Gesichtspunkten. Wenn Sie vorhätten, in eine andere Stadt zu ziehen, würde die Vorbereitung wahrscheinlich Monate oder gar Jahre dauern, bevor Sie tatsächlich umziehen. Sie müssten sich überlegen, wo Sie leben und arbeiten und welchen Lebensstil Sie führen wollen. Vermutlich möchten Sie dann Ihre Schränke und Schubladen, die Abstellkammer und den Keller ausmisten, damit Sie von Grund auf neu beginnen können. Dieselben Prinzipien gelten bei der Suche nach Ihrem Seelenpartner. Es ist absolut notwendig, auf emotionaler, materieller und psychischer Ebene Raum in Ihrem Leben zu schaffen und die bevorstehende Ankunft dieser Person aktiv zu planen. Die Natur mag kein Vakuum. Das heißt, je schneller und konsequenter wir Altes rausschmeißen, desto schneller und müheloser ziehen wir Neues an.

So wie ein Gärtner den Boden vorbereitet, bevor er sät, müssen wir im Garten unseres Herzens, unseres

Körpers und unseres Geistes Unkraut jäten, bevor wir bereit sind, einer neuen Liebe Einlass zu gewähren. Vielleicht sagen Sie jetzt, Sie seien schon bereit – ja, schon seit Jahren bereit –, aber ich möchte Sie dennoch darauf hinweisen, dass es noch ein paar Lebensbereiche bei Ihnen gibt, in denen Sie Ihre sehnlichsten Wünsche blockieren, ignorieren oder sich dagegen wehren. Sinn und Zweck dieses Kapitels ist, Ihnen bei der Suche und Benennung dieser Bereiche zu helfen, damit Sie langsam, aber stetig Ordnung in diese Bereiche bringen können, um schließlich frei für Ihren Liebsten oder Ihre Liebste zu sein. Ich möchte Sie auffordern, sich selbst einige Fragen zu stellen, und Sie dazu ermuntern, ehrlich darüber nachzudenken und im Weiteren die erforderlichen Maßnahmen zu ergreifen.

1. Gibt es jemanden, in den ich noch verliebt bin?

Falls Sie diese Frage mit Ja beantwortet haben, überlegen Sie Folgendes: Wenn Sie wissen, dass dieser Mensch nicht Ihr Seelenpartner ist und/oder eine ehrliche, liebevolle, feste Beziehung mit diesem Menschen nicht möglich ist, wären Sie dann bereit, sich genügend Zeit zuzugestehen, um diesen Menschen loszulassen? Ich glaube nicht, dass Sie aufhören müssen, diesen Menschen zu lieben, aber ich bin fest davon überzeugt, dass Sie in Ihrem Herzen einen neuen Platz für die Liebe, die Sie miteinander geteilt haben, finden müssen. Wenn ich mir mein eigenes Herz vorstelle, sehe ich es als riesigen, elastischen, heiligen Raum, der in meinem Brustkorb Platz hat und sich ausdehnt, um alles im Universum zu umfassen. In meinem Herzen gibt es einen Platz für Menschen, die ich liebe und mit denen ich gerade in Beziehung stehe, und einen Platz für diejenigen, die ich geliebt habe, mit denen ich mich jedoch nicht mehr umgebe oder die ich nicht mehr so sehr beachte.

Auch in Ihrem Herzen gibt es einen Platz für die Menschen, die einst zu Ihrem Leben gehörten und die sie weiterhin lieben können, ohne dass Sie Ihre kostbare Zeit damit verschwenden, sie »haben zu wollen«. Oft werden Sie von anderen hören: »Ach, vergiss ihn/ sie doch einfach«, dabei ist es in Wahrheit unmöglich. Ich finde, es bereitet viel Schmerz, wenn wir unseren wahren Gefühlen für einen Menschen, den wir einst liebten, Widerstand leisten. Sie sollen diesen Menschen lieben, aber verzehren Sie sich nicht in dem Wunsch, mit dieser Person zusammen zu sein.

Wenn Gedanken an diese Person auftauchen, nehmen Sie sie zur Kenntnis, befördern Sie sie dann behutsam in Ihre spezielle Herzkammer und wenden Sie Ihre Aufmerksamkeit wieder der Gegenwart zu. Sollten Sie merken, dass Sie sich zwanghaft etwas wünschen, erhoffen und vorstellen, was Sie nicht haben können (oder was nicht zu Ihrem Besten ist), dann sollten Sie versuchen, Ihre Emotionen in den Griff zu bekommen.

Es gibt zahlreiche sehr gute Therapien und Anstöße für emotionale Prozesse, zum Beispiel EMDR-Traumatherapie, Hypnose und die Sedona-Methode, die Menschen dabei hilft, Verlust und Schmerz loszulassen. Seien Sie bereit, Zeit und Geld in professionelle Hilfe zu investieren, wenn Sie sie benötigen. Ich selbst habe eine ganze Reihe von Therapien und Workshops gemacht und fand sie allesamt sehr hilfreich. Es spielt keine Rolle, ob Sie seit zwanzig Jahren an ein und demselben Problem arbeiten. Jedes Mal, wenn Sie ein Problem gelöst haben, das bislang Ihr Herz verschloss, lassen Sie unterdrückte Energie frei und schaffen kostbaren Raum in Ihrem Leben.

2. Bin ich immer noch auf jemanden wütend, fühle mich hintergangen oder habe ihm noch nicht vergeben?

Vielleicht wissen Sie es nicht, aber Groll auf einen anderen Menschen kettet Sie an diesen genauso fest wie die Sehnsucht nach einem Menschen. Beides sind Bindungen, durch die wir in der Vergangenheit verhaftet bleiben, statt uns auf das Hier und Jetzt zu konzentrieren. Bevor eine neue Liebe Platz in unserem Leben finden kann, müssen wir alles abwerfen, was uns verletzt und gestört hat und was wir noch aus früherer Zeit festhalten. Die folgende Übung wird Ihnen große Erleichterung bringen:

Für diese Übung brauchen Sie

☉ mehrere Blatt Papier und einen Stift,

☉ eine bequeme Sitzgelegenheit,

☉ 15 bis 30 Minuten Zeit, in der Sie nicht gestört werden.

Schreiben Sie eine Liste mit den Namen der Verflossenen, mit denen Sie noch nicht abgeschlossen haben oder auf die Sie immer noch wütend oder ärgerlich sind.

Schreiben Sie jedem von ihnen einen Brief, in dem Sie genau all das aufzählen, worüber Sie sich immer noch ärgern und wofür Sie sich einen anderen Ausgang gewünscht hätten. Da Sie diese Briefe höchstwahrscheinlich niemals abschicken werden, dürfen Sie sich beim Schreiben so richtig austoben. Vielleicht erkennen Sie, was Sie – von diesen Personen oder von sich selbst – brauchen, um eine Lösung für die Situation zu finden.

Nach diesem Schritt sollten Sie sich eigentlich ruhig genug fühlen, um einzusehen, dass auch Sie eine Rolle beim Bruch dieser Beziehung gespielt haben, und sich für alles entschuldigen, was Sie getan haben und jetzt bereuen.

Wenn der erste Brief geschrieben ist, schreiben Sie noch einen, und zwar diesmal einen Brief von Ihrem/Ihrer Verflossenen an Sie, aus *deren* Perspektive. Das ist einfacher, als es klingt: Begeben Sie sich zu Hause an den Platz, an dem die betreffende Person früher saß. Stellen Sie sich vor, sie sitzt vor Ihnen; nehmen Sie jetzt ihren Platz ein, sodass Sie sehen, was diese Person sah, und fühlen, was diese Person wohl gefühlt hat. Stellen Sie sich vor, die Hand dieser Person bewegt den Stift über das Papier, während sie ihre Version der Beziehung aufschreibt. Sobald Sie den Brief geschrieben haben, lesen Sie ihn laut vor und lassen dabei jede noch vorhandene Feindseligkeit oder Verbitterung außen vor.

In Kapitel 6 haben Sie die Möglichkeit, noch tiefer in den Prozess des Loslassens einzusteigen, doch bereits nach dieser Übung sollten Sie eigentlich ein ganzes Stück mehr Leichtigkeit und Weite in Ihrem Herzen verspüren.

3. Ist in meinem Leben Platz für einen anderen Menschen?

Seien Sie ehrlich: Haben Sie im Moment wirklich Zeit und Energie, um sich auf eine tiefe, liebevolle und ernsthafte Beziehung einzulassen? Wenn Sie jetzt keine Zeit haben, wann dann? Falls Sie keine Antwort darauf finden, versuchen Sie es mit dieser kleinen Übung: Schließen Sie eine Minute lang die Augen und stellen Sie sich vor, Sie würden im Kino vor einer großen schwarzen Leinwand sitzen. Bitten Sie nun Ihr höheres Selbst, in roten Buchstaben Monat und Jahr auf die Leinwand zu projizieren, in dem Sie für eine Liebesbeziehung bereit sind. Wenn eine Antwort kommt – prima. Wenn nicht, sollten Sie sich eine Weile eingehender mit dieser Frage beschäftigen, um herauszufinden, mit welchen Beziehungen, Verpflichtungen oder Projekten Sie sich noch befassen müssen, bis Sie sich bereit fühlen. Vielleicht stellen Sie dann wie meine Freundin Marci Shimoff fest, dass es zuerst noch ein paar wichtige Dinge in Ihrem Leben zu erledigen gilt, bevor Sie wirklich bereit für die Liebe sind.

Marcis Geschichte:
Er ist dein Schicksal

Soweit ich zurückdenken kann, habe ich immer von einem Seelenpartner geträumt. Nicht dass ich auf der Suche nach dem Traumprinzen war. Aber ich wünschte mir eine tiefe Verbindung zu dem Mann, der meinem Gefühl nach Teil meines Lebensschicksals war, einem Mann, bei dem sich meine Seele sofort zu Hause fühlen würde.

Mit neun Jahren lag ich oft im Bett und fragte den lieben Gott, wo denn mein Seelenpartner wäre. Ich bekam immer dieselbe Antwort: Italien. Eine seltsame Antwort für ein neunjähriges Mädchen, das in Kalifornien lebte. Aber irgendwie wirkte es für mich stimmig. Zu dieser Antwort sah ich jedes Mal ein Gesicht. Ich erkannte nicht alle Einzelheiten, aber er hatte dunkles Haar, einen Schnurrbart und sah verflixt gut aus.

Mit zweiundzwanzig war ich etwas entmutigt, weil ich »ihm« noch nicht begegnet war. Etwa um diese Zeit nahm ich an einem Erfolgs-Seminar teil und lernte, meine Ziele klar und eindeutig zu formulieren und sie aufzuschreiben. So entstanden eine Reihe von »Seelenpartner-Wunschlisten«. Ich schrieb alle Eigenschaften auf, die ich bei einem Mann suchte. Immer wenn ich die Liste erstellte, kam ich auf etwa sechzig bis siebzig Eigenschaften, stets angeführt von »spirituell« und »kraftvoll«. »Spirituell« lag immer dann vorn, wenn ich in nachdenklicher Stimmung war, und »kraftvoll«, wenn ich eher an meine berufliche Karriere dachte. Jede Liste heftete ich in einen Aktenordner mit der Aufschrift »Seelenpartner« ein. Diesen Ordner habe ich immer noch – mit allen dreiundzwanzig Listen, die ich im Lauf der Zeit angefertigt habe.

In diesen Jahren hatte ich fünf wichtige Beziehungen mit wunderbaren Männern. Aber es gab immer ein Problem: Bei jedem hatte ich das dumpfe Gefühl, er sei nicht der Richtige. Wir machten jedes Mal Schluss, weil ich Raum für meinen Seelenpartner schaffen wollte. Rückblickend wünsche ich mir, ich hätte die Zeit mit ihnen einfach genossen und darauf vertraut, dass »er« schon zum richtigen Zeitpunkt kommen würde.

Davon abgesehen führte ich ein glänzendes Leben. Beruflich ging es mir sehr gut: Ich war Mitautorin der Bücher *Hühnersuppe für die Seele. Für Frauen* und *Hühnersuppe für die Seele. Für Mütter*, die beide zu *New York Times*-Bestsellern wurden und sich millionenfach verkauften. Ich stand auf dem Höhepunkt meiner Karriere. Doch das Leben in den Niederungen des Alltags fühlte sich leer an, und ich verspürte ständig große Sehnsucht nach »ihm«.

Oftmals fragte ich mich, warum andere ihren Seelenpartner fanden, nur ich nicht. Was machte ich falsch? Warum bestrafte mich Gott? Mit diesen Fragen schlug ich mich herum und ohrfeigte mich dafür, dass ich nicht fähig war, meine große Liebe zu finden. Immer wenn ich mich bei meiner Mutter beklagte, tröstete sie mich mit den Worten: »Mach dir keine Sorgen, Liebes. Es lohnt sich, auf ihn zu warten.«

Dann hatten meine Geschäftspartnerin Jennifer Hawthorne und ich die Idee für ein neues Buch der Reihe *Hühnersuppe für die Seele:* diesmal für Singles, die wie ich etwas darüber lesen wollten, wie man Single und trotzdem glücklich sein kann. Mit diesem Buch begannen wir im Jahr 1998, gleich nach meinem vierzigsten Geburtstag. Während ich das ganze Jahr über daran schrieb, löste ich mich von meinem Bedürfnis nach einem Seelenpartner und richtete meine Aufmerksamkeit darauf, innerlich glücklich zu sein.

Eine tiefe Gewissheit überkam mich. Ich hatte das Gefühl, mein Single-Dasein würde nach der Veröffentlichung des Buches ein Ende finden, und ich sagte immer wieder zu Jennifer: »Wenn dieses Buch fertig ist, ist es vorbei mit dem Single-Leben.« Ich sagte es, ich spürte es und ich glaubte es – aber komischerweise, ohne mich daran zu klammern. Ansonsten bastelte ich mir weiterhin mein eigenes Glück.

An einem kalten Januartag 1999 in Iowa hatte ich dann eine höchst ungewöhnliche Begegnung. Ich stapfte durch matschige Schneehaufen auf ein unscheinbares Gebäude zu, wo ein kleiner Mann aus Indien in einem Sitzungssaal saß und darauf wartete, mir aus Palmblättern zu lesen. Dieser Tradition zufolge steht das Schicksal eines Menschen auf Sanskrit auf alten, getrockneten Palmblätterrollen. Der Mann durchsuchte einen hohen Stapel Blätter und stieß dann auf meine Rolle. Obwohl er außer meinem Namen, der Geburtszeit und dem Geburtsort wirklich überhaupt nichts über mich wusste, erzählte er mir alles über mich und meine Zukunft.

Als Erstes sagte er: »Sie führen ein großartiges Leben«, und ich nickte zustimmend. Dann meinte er: »Aber reden wir doch über das Problem ›kein Ehemann‹.«

Er teilte mir mit, dass ich in den kommenden sechs Monaten direkt nacheinander drei geeignete Männer kennenlernen würde. Alle seien gebürtige Ausländer, und ich würde mich zwar bestens mit ihnen verstehen, aber wir würden nur gute Freunde werden.

Ich erwiderte, dass das unmöglich sei, weil ich niemals unmittelbar nacheinander Männer kennenlernte. Zwischen meinen Beziehungen lagen immer ein paar Jahre, und das Bild, das er zeichnete, kam mir lachhaft vor.

Er beharrte aber darauf, dass dies so eintreffen werde, und fuhr dann mit seinen Voraussagen fort.

»Dann werden Sie einen vierten Mann kennenlernen – Ihren Ehemann. Ich will ihn beschreiben, damit Sie ihn erkennen. Er hat dunkles Haar und einen Schnurrbart und sieht südländisch aus. Er ist in Italien geboren und aufgewachsen. Er arbeitet als Therapeut und hilft anderen Menschen bei ihren Problemen. Er liebt Musik, Tanz und Kunst. Er lebt in Kalifornien, und er ist sechs Jahre jünger als Sie.«

»Unmöglich!«, entfuhr es mir wieder, und diesmal verbarg ich meine Enttäuschung nicht. »Ich gehe *nie* mit jüngeren Männern aus. Jeder Mann, mit dem ich mich verabredet habe, war älter als ich, meistens etwa zehn Jahre älter. Außerdem mag ich jüngere Männer gar nicht.«

»Ich kann es nicht ändern«, gab er zurück, »es ist Ihr Schicksal.«

Beim Verlassen des Raums dachte ich mir, dieser Inder sei ja ganz nett, aber nicht ganz bei Trost. Ich nahm die Sache nicht weiter ernst, lebte mein Leben wie bisher, vergaß den Seelengefährten und wandte meine Aufmerksamkeit wieder meinem eigenen Glück zu.

Seltsamerweise hatte ich zwei Wochen später ein Date mit einem Europäer. Einen Monat später ging ich mit einem anderen Mann aus, der aus England stammte, und wir wurden gute Freunde. Ungefähr zwei Monate danach hatte ich ein Blind Date mit einem Russen. Auch wir wurden richtig gute Freunde. Ich weiß, es klingt unglaublich, aber in all dieser Zeit dachte ich überhaupt nicht an das Palmblatt-Reading. Ich hatte es so ausgeblendet, dass ich nicht einmal bemerkte, dass der erste Teil der Voraussage bereits wahr geworden war.

Am 15. September 1999 kam das Buch *Chicken*

Soup for the Single's Soul in die Buchläden. Gleich am nächsten Tag fuhr ich ins Omega Institute, ein wunderschönes Retreat-Zentrum in den New Yorker Catskills, wo ich zusammen mit über sechshundert Personen einen Kurs zum Thema persönliches Wachstum besuchen wollte. Als ich auf den großen, kiesbestreuten Parkplatz fuhr und aus dem Auto stieg, sah ich als Erstes Karen, die ich ein Jahr zuvor bei einem anderen Omega-Kurs kennengelernt hatte. Was für ein Zufall, dachte ich, denn Karen war die Einzige, mit der ich mich damals angefreundet hatte. Sie wollte gerade in ihr Auto steigen und wegfahren, weil der Kurs, den sie belegt hatte, zu Ende war.

Wir umarmten uns zur Begrüßung, und dann fragte sie aus heiterem Himmel: »Willst du einen Mann kennenlernen?« »Ich will immer einen Mann kennenlernen«, gab ich zur Antwort.

Dann erzählte sie mir von einem Mann aus dem Tanzkurs, den sie gerade gemacht hatte, und der mir gefallen würde. Er würde noch dableiben, weil er sich für denselben Kurs wie ich eingeschrieben hatte, und sie wollte uns miteinander bekannt machen.

»Magst du große Macho-Männer?«, fragte sie.

»Ja«, antwortete ich begeistert.

»Das ist er nicht. Er ist eher weich und sensibel.«

Hmmmm, das schwebte mir ja nicht gerade vor…, dachte ich.

»Magst du ältere Männer?«, fragte sie weiter.

»Ja!«, rief ich aufgeregt.

»Na ja – älter ist er auch nicht«, sagte sie. »Ich glaube, er ist fünf oder sechs Jahre jünger als du.«

Völlig ernüchtert gab ich zurück: »Dann nicht. Dann ist er wirklich nichts für mich.«

Genau in diesem Moment drehte sie sich um und sah im Augenwinkel, wie besagter Mann den Parkplatz überquerte, und zeigte auf ihn. Obwohl er so weit weg war, dass ich sein Gesicht nicht erkennen konnte, spürte ich seine Energie und packte Karen sofort am Arm: »Ich muss ihn kennenlernen.« Und schon rannten wir über den Parkplatz.

»Sergio«, sagte Karen, »ich möchte dir meine Freundin Marci vorstellen. Du musst ihr Tanzen beibringen.« Bevor ich noch Hallo sagen konnte, nahm Sergio mich in die Arme und tanzte mit mir einen Walzer auf dem Parkplatz. Ich hatte gerade Bekanntschaft mit meinem italienischen Traumprinzen gemacht.

Wir hatten sofort einen Draht zueinander, als würden wir uns schon ewig kennen. Allerdings entsprachen wir jeweils nicht dem Bild unseres Seelenpartners. Vom Temperament her waren wir völlig verschieden. Er war lässig, heiter und locker. Ich war energiegeladen, enthusiastisch und anstrengend. Unsere ersten gemeinsamen Monate waren sehr schwierig, weil wir versuchten, eine Fernbeziehung aufrechtzuerhalten (ich reiste alle paar Wochen von Iowa nach Kalifornien, um ihn zu sehen), und ich war mir überhaupt nicht sicher, ob unsere so unterschiedlichen Persönlichkeiten jemals harmonieren würden.

Doch als ich eines Morgens zu Hause aufwachte, kam mir wieder die Sitzung mit dem Palmblattdeuter in den Sinn, die ich völlig vergessen hatte. Ich sprang aus dem Bett und rannte zu dem Ordner mit den Notizen, die ich mir zu dem Reading gemacht hatte. Als ich sie durchgelesen hatte, war ich völlig platt. Ich griff zum Telefon und klingelte Sergio um fünf Uhr früh aus dem Schlaf, um ihm vorzulesen, was ich mir damals aufgeschrieben hatte:

»Er hat dunkles Haar und einen Schnurrbart und sieht südländisch aus. Er ist in Italien geboren und aufgewachsen. Er arbeitet als Therapeut und hilft anderen Menschen bei ihren Problemen. Er liebt Musik, Tanz und Kunst. Er lebt in Kalifornien, und er ist sechs Jahre jünger als Sie.«

Jeder Punkt stimmte ganz genau überein. Ein paar Minuten lang schwiegen wir.

Und genau in diesem Moment tauchte eine Erinnerung an die Oberfläche meines Bewusstseins. Das Gesicht des Mannes in meinen Kinderträumen – es war das Gesicht von Sergio, meinem Seelenpartner.

Wir sind inzwischen seit mehr als zehn Jahren zusammen. Der indische Palmblattdeuter hatte recht: Sergio ist mein Schicksal. Und meine Mutter hat auch recht. Das Warten hat sich gelohnt!

Marci hätte Sergio wohl nicht kennengelernt, wenn sie ihre Angelegenheiten nicht in Ordnung gebracht hätte, indem sie ihr Buch zu Ende schrieb. Genau das bedeutet Bereitschaft – sich auf allen Ebenen vorzubereiten, damit wir »zum Tanz bereit sind«, wenn unser Seelenpartner unerwartet in unser Leben tritt.

4. Bin ich von meiner äußeren Erscheinung her bereit?

In meiner Zeit als Publizistin gehörte es zu meinen obersten Aufgaben, neuen Klienten Ratschläge zu geben, wie sie sich bei einem Fernsehauftritt präsentieren sollten. Der erste Eindruck zählt, und Ihre Frisur und Kleidung sollten Sie in möglichst gutem Licht erscheinen lassen. Ich hatte einmal eine Besprechung mit einer interessierten Klientin – eine Fünfundvierzigjährige mit Doktortitel –, die sich wie ein siebzehnjähriger Teenager zurechtgemacht hatte. Ihre blondierten, langen Haare, der kurze Rock und der rosa Lippenstift standen in völligem Gegensatz zu ihrem Lebenslauf. Ich versuchte ihr zu erklären, dass man sie kaum ernst nehmen könne, weil ihr Aussehen nicht zu ihrem beruflichen Niveau passte. So freundlich wie möglich gab ich ihr zu verstehen, wie wichtig es sei, wenigstens einen professionellen Eindruck zu erwecken. Letztendlich waren dieser Frau aber modische Spielereien wichtiger als ihre weitere berufliche Karriere.

Wenn Ihr Traummann oder Ihre Traumfrau eine wichtige Funktion in einem Unternehmen innehat und Sie mit lila Haarsträhnchen und avantgardistischer Kleidung aufkreuzen, errichten Sie unnötige Hürden in Ihrem Liebesleben. Neben dem Kleidungsstil beeinflussen auch die Farben, die wir tragen, unsere Emotionen, unsere Energie und nicht zuletzt den Eindruck, den wir bei anderen hinterlassen. Ein rotes Businesskostüm sieht bei einer berufstätigen Powerfrau toll aus, wirkt bei einem privaten geselligen Anlass aber übertrieben. Machen Sie sich ab jetzt ein paar Gedanken darüber, was Sie mit dem Stil Ihres Outfits aussagen möchten. Ob es Ihnen behagt oder nicht: Wir schätzen andere ziemlich schnell anhand ihres Äußeren ein. Überlegen Sie sich daher gut, welche nonverbalen Botschaften Sie mit Ihrem äußeren Erscheinungsbild aussenden. Jetzt ist also genau der richtige Zeitpunkt, sich einmal mit Stilfragen zu beschäftigen: Wie wäre es mit einem neuen Haarschnitt, einer neuen Haarfarbe und neuer Garderobe? Wenn Sie seit fünf oder zehn Jahren die gleiche Frisur haben, dann lassen Sie sich doch mal im angesagtesten Friseursalon der Stadt einen Termin geben und modisch beraten.

Letztlich ist es doch so: Wenn wir gut aussehen, fühlen wir uns auch gut. Wenn wir uns gut fühlen,

strahlen wir das aus und haben mehr Selbstvertrauen.
Die Zeit, in der Sie sich auf Ihren Seelenpartner vorbereiten, ist ideal geeignet, Ihr wunderbares Selbst auf-
zumöbeln.

Die folgende *gefühlte Visualisierung* hilft Ihnen dabei, in
Ihrem Herzen und Ihrem Leben Platz für eine neue
Liebe zu schaffen.

Gefühlte Visualisierung: Space Clearing für die Liebe

*Suchen Sie sich eine bequeme Sitzgelegenheit, lassen Sie
Ihre Fantasie spielen und visualisieren Sie vor Ihrem geistigen Auge die Einfahrt vor Ihrem Haus. Wenn Sie in
einem großen Wohnblock leben, der keine Einfahrt hat,
stellen Sie sich das Haus vor, in dem Sie aufwuchsen, oder
irgendein beliebiges Haus, in dem Sie einmal waren und
das über eine Einfahrt verfügt. Zum Zweck dieser Übung
soll dies dann Ihr Haus sein.*

*Stellen Sie sich nun vor, dass Ihr(e) Ex – jemand, dem
Sie sich immer noch verbunden fühlen, sei es negativ oder
positiv – sein (ihr) Auto genau in dieser Einfahrt abge-
stellt hat. Falls Ihr(e) Ex kein Auto hatte, stellen Sie sich
einfach eines vor, das diese Person gehabt haben könnte.
Jetzt betrachten Sie dieses Auto in Ihrer Einfahrt. Vielleicht stehen Sie direkt daneben, vielleicht erspähen Sie es*

von einem Fenster aus oder durch eine Türritze ... Achten Sie darauf, welche Gefühle sich dabei einstellen.

Während Sie das Auto betrachten, sehen Sie plötzlich einen riesigen Abschleppwagen. Er sieht so aus wie einer dieser Monster-Trucks, deren Räder allein fast schon so hoch sind wie ein gewöhnliches Auto. Zuerst denken Sie, der Abschleppwagen werde schnurstracks vorbeifahren ... aber dann merken Sie, dass er genau auf das Auto Ihres / Ihrer Ex zufährt! Er fährt hinter das Auto, und der Fahrer steigt aus und lässt den schweren Haken direkt auf die Stoßstange herab. Schauen Sie zu, wie der Abschleppwagen das Auto halb vom Boden abhebt, und hören Sie das Quietschen der Winde. Jetzt fährt der Abschleppwagen los und zieht das Auto Ihres / Ihrer Ex aus der Einfahrt. Achten Sie darauf, wie Sie sich dabei fühlen.

Als der Abschleppwagen weg ist, schauen Sie zu Boden und sehen, dass die Einfahrt, wo das Auto stand, völlig verdreckt ist. Überall Schmiere, Öl und Schmutz, eine richtige Sauerei. Sie blicken dem Abschleppwagen nach, der das Auto wegbringt, und sehen, dass er das Stadtviertel und die Stadt verlässt. Er befindet sich nun auf der Autobahn, die Ihrem Haus am nächsten liegt, und fährt Richtung Norden. Wenn Sie also im Osten leben, bringt der Abschleppwagen das Auto über die A1 an die Nordseeküste. Wenn Sie im Süden leben, fährt er auf der A7 nach Spitzbergen. Wenn Sie in irgendeinem anderen Teil des Landes leben, nehmen Sie die nächstgelegene Autobahn und verlängern sie bis zum Nordpol.

Der Abschleppwagen fährt immer weiter Richtung Norden und hat bald den Nordpol passiert. Jetzt gibt er Gas. Er wird immer schneller und schneller, bis Sie schließlich merken, dass er richtig abgehoben hat! Er zieht nach oben wie ein Flugzeug beim Start. Sie verfolgen seinen Weg durch die Wolken und sehen dann den Fahrer, der sich mit einem Fallschirm geschickt in Sicherheit gebracht hat. Der Abschleppwagen mit dem Auto Ihres/Ihrer Ex schwebt nun im Weltraum und rast durch das Universum, vorbei an der Milchstraße und ein paar schwarzen Löchern. Während Sie also selbst gemütlich zu Hause sitzen, können Sie sehen, dass die beiden Fahrzeuge schon ganz, ganz weit entfernt sind. Plötzlich spüren Sie etwas in Ihrer Handfläche: Dort liegt ein Kästchen mit einem großen roten Knopf. Wenn ich »Los« sage, werden Sie auf den Knopf drücken und das Auto in tausend Stücke sprengen. Sind Sie so weit?

Eins, zwei, drei – los!

Abschleppwagen und Auto sind gerade in Abermillionen kleine Teilchen zerborsten. Sie können sie nicht einmal sehen, weil sie so winzig und so viele Lichtjahre entfernt sind.

Mit großer Genugtuung und Erleichterung lenken Sie jetzt Ihre Aufmerksamkeit wieder auf Ihre Einfahrt, auf die Stelle, wo das abgeschleppte Auto vorher stand. Ihnen fällt auf, dass sich in der Einfahrt jahrelang Dreck und Wagenschmiere angesammelt haben und dieser Platz völlig vernachlässigt wurde. Augenblicklich wird Ihnen klar, dass das nicht so bleiben darf. Sie geben sich einen Ruck, krempeln die Ärmel hoch und machen sich daran, diese Stelle gründlich sauber zu machen. Stellen Sie in Gedanken in allen vier Ecken der Einfahrt ganz hohe Kerzen auf, so wie riesige Tiki-Fackeln, die Ihnen bis zur Taille oder zur Schulter reichen. Nehmen Sie jetzt ein Streichholz oder ein Feuerzeug und zünden Sie alle vier Kerzen in den vier Ecken der Einfahrt an.

Genau in dem Moment, in dem Sie die Kerzen anzünden, sehen Sie, dass ein Reinigungstrupp in ABC-Schutzanzügen herbeistürmt. Mit Hochdruck beseitigen die Männer den Dreck in der Einfahrt. Die vier Kerzen brennen immer noch, während der Reinigungstrupp den gröbsten Unrat mitnimmt, ihn in Müllsäcke stopft, ins Auto steigt und wegfährt. Lassen Sie die Kerzen brennen. Sie klären den Raum und befreien ihn von Überbleibseln aus der Vergangenheit. Diese Kerzen werden noch weitere dreißig Tage brennen – heute ist der erste Tag. Schauen Sie sich alles genau an, denn morgen um dieselbe Zeit werden Sie wiederkommen und weiter sauber machen. In dem Moment, wo Sie sich auf die vier brennenden Kerzen konzentrieren, wird der Reinigungstrupp kommen – mit Schrubbern, Seife, neuer Farbe und mit allem, was man braucht, damit Ihre Einfahrt wieder sauber und ordentlich aussieht. Aber das ist noch nicht alles. Ziel ist es, diese Einfahrt in den schönsten, fantastischsten Garten zu verwandeln, den Sie je gesehen haben. Gestalten Sie ihn besonders einladend für das Auto Ihres Seelenpartners, da-

mit er oder sie sogleich dort parken kann. Kehren Sie je-
den Tag zurück und sehen Sie nach, wie weit die Kerzen
heruntergebrannt sind; achten Sie darauf, dass die Schmier-
flecken verblasst, verschwunden und einem blendend wei-
ßen Belag gewichen sind und alles wunderschön aussieht.

Säubern Sie diesen Platz täglich ein bisschen mehr, set-
zen Sie Pflanzen und stellen Sie Blumen in der Einfahrt
auf. Seien Sie sich bei alldem sicher, dass Sie damit einen
kosmischen Begrüßungsteppich für Ihren Liebsten/Ihre
Liebste ausrollen.

Bestätigen Sie sich nach dieser gefühlten Visualisierung, dass Sie jetzt bereit sind, eine neue Liebe willkommen zu heißen. Der innere Raum Ihres Körpers
und Ihres Geistes wird immer klarer und öffnet sich
immer mehr. In Ihrem Herzen schaffen Sie Raum für
die Liebe eines anderen Herzens.

Seelenraum schaffen

Sie sehen also: Wenn Sie bereit und in der Lage sind,
Ihren Seelenpartner in Ihr Leben einzuladen, müssen
Sie materiell, emotional und mental Raum schaffen,
um die Anwesenheit dieser Person zu erkennen und

Ihre Verbindung zu ihr zu vertiefen. Doch es gibt noch einen anderen Raum, um den Sie sich Schritt für Schritt kümmern müssen, und das ist das Gefühl von Weite, das sich nur durch stille Besinnung und Meditation einstellt.

Eines kann ich Ihnen mit absoluter Gewissheit sagen: Die meisten meiner Bekannten, die mithilfe des Gesetzes der Anziehung ihren Lebenspartner suchten, fanden ihn weder auf einer Party mit vielen Gästen noch bei einer Single-Veranstaltung. Vielmehr begegneten sie ihm, wenn sie Ruhe verspürten, innerlich Frieden gefunden und sich mit ihrer inneren Weisheit verbunden hatten. Bereitschaft heißt eben nicht nur, Projekte zu Ende zu bringen, sein Äußeres aufzupeppen und Abschied von früheren Liebschaften zu nehmen. Vielmehr geht es darum, innerlich zur Ruhe zu kommen, damit man das leise Flüstern der Intuition hören kann, die Hinweise für das richtige Handeln gibt.

Da Sie sich vorgenommen haben, Raum in Ihrem Leben zu schaffen und sich auf die Begegnung mit Ihrem Seelenpartner vorzubereiten, brauchen Sie jetzt nur noch die Zeit für sich arbeiten und die Dinge geschehen lassen. Ich habe inzwischen begriffen, dass das Timing wirklich das Wichtigste ist. Dies zu akzeptieren bedeutet, dass wir nach Gottes Zeitplan arbeiten, anstatt starr an unserem eigenen Zeitplan festzuhalten. Der richtige Zeitpunkt und das Schicksal sind unvermeidlich miteinander verflochten, und wir müssen lernen, dem Universum zu vertrauen. In Elizabeth Gilberts Buch *Eat Pray Love: Eine Frau auf der Suche nach allem quer durch Italien, Indien und Indonesien* steht etwas sehr Schönes über das Schicksal:

»Auch das Schicksal empfinde ich als Beziehung – als Wechselspiel göttlicher Gnade und eigener Willensanstrengung. Die eine Hälfte haben wir nicht in der Gewalt, die andere liegt gänzlich in unseren Händen, und unsere Handlungen werden messbare Folgen zeitigen. Der Mensch ist weder zur Gänze Marionette der Götter noch völlig Herr seines Schicksals; er ist ein wenig von beidem. Wie Zirkusartisten reiten wir durch unser Leben, Artisten, die auf zwei nebeneinander galoppierenden Pferden stehend balancieren – einen Fuß auf einem Ross namens ›Schicksal‹, den anderen auf einem Pferd namens ›Freier Wille‹. Und die Frage, die man sich jeden Tag stellen muss, lautet: Um welches Ross sollte ich mich nicht länger sorgen, weil ich es gar nicht mehr unter Kontrolle habe, und welches muss ich weiterhin mit konzentrierter Anstrengung lenken?«

Bei der Vorbereitung darauf, Ihren Seelenpartner zu manifestieren, spielt einerseits die bewusste Anstrengung, andererseits aber auch eine gehörige Portion Glauben und Schicksal mit. Das Zusammenspiel dieser drei Elemente wird Sie ans Ziel Ihrer Wünsche bringen.

unic gmiazolka

Polstern Sie das Nest

> Seit das Glück deinen Namen
> vernommen hat, läuft es durch
> die Straßen und sucht nach dir.
>
> Hafiz

Vergegenwärtigen Sie sich einmal den Moment, in dem Ihr Seelenpartner zum ersten Mal über die Schwelle Ihrer Wohnung tritt. Stellen Sie sich genau vor, auf welche Weise Sie Ihren Liebsten oder Ihre Liebste begrüßen möchten, wenn er/sie Sie zum ersten Mal besucht. Welche Umgebung wäre der ideale Rahmen, dass Sie beide sich unsterblich ineinander verlieben? Denken Sie jetzt an Ihr derzeitiges Zuhause. Ich möchte wetten, dass in einigen Bereichen Aufräumen angesagt ist …

Sie erinnern sich: Einen Seelenpartner manifestieren heißt, auf allen Ebenen des Seins und in allen Lebensbereichen Raum für diesen Menschen zu schaffen. Dazu gehört natürlich auch der Ort, an dem Sie wohnen – Ihr Zuhause. In diesem Kapitel beschäftigen wir uns mit der Kunst des Space Clearing, um alle negativen oder störenden Energien zu beseitigen, die noch von früheren Beziehungen, überholten Vorstellungen oder gar Einflüssen ehemaliger Bewohner übrig sind. Sobald Ihr Zuhause gereinigt und »entstört« ist, werde ich Ihnen ein paar Feng-Shui-Geheimnisse verraten, mit denen ich meine vier Wände damals in ein »Liebesnest« verwandelt habe.

Die Bedeutsamkeit feinstofflicher Energien

Unser Heim ist nicht nur eine Unterkunft mit vier Wänden, Fenstern und Türen. Im Idealfall ist es ein Hafen, ein Allerheiligstes, das unsere tiefsten Gefühle und wichtigsten Werte spiegelt. Die unterschwellige Schwingung oder das Gefühl, das Sie beim Betreten einer Wohnung wahrnehmen, ist ein Hinweis auf deren Energie. Was Sie dort sehen, riechen und schmecken, trägt zu diesem Gefühl bei. Aber es gibt noch etwas Subtileres, das Sie nur als Bauchgefühl spüren können: ein Wohlgefühl oder ein Unwohlsein, wenn Sie sich in einer bestimmten Umgebung befinden. Wenn Sie einen Raum betreten, in dem sich vorher Menschen gestritten haben und wo dicke Luft herrscht, stellen Sie sich auf die Energie in diesem Raum ein.

Genauso ist es, wenn Sie jemanden zu Hause besuchen und sich sofort wohlfühlen. Grund dafür ist dann oft eher die dort herrschende Energie als eine bestimmte Bauweise oder Einrichtung.

Ich konnte schon als kleines Mädchen feinstoffliche Energien wahrnehmen. Ich weiß noch, wie ich als Zwei- oder Dreijährige im Hof lag, das Unkraut betrachtete, das ich für Blumen hielt, und sah, wie jede dieser Pflanzen funkelnde Energie versprühte. Auch wenn ich damals jemanden in seinem Zuhause besuchte, konnte ich spüren, was für Wohnstätten das waren: glückliche, spannungsgeladene oder wütende Wohnungen. Wohnungen, die mich mit offenen Armen willkommen hießen. Wohnungen, die viele unausgesprochene Geheimnisse bargen. Bestimmt ist auch Ihnen schon – bewusst oder unbewusst – aufgefallen, dass jedes Heim eine andere Schwingung besitzt. Da Sie sich ja vorgenommen haben, Ihren Seelenpartner zu finden, müssen Sie besonders gut darauf achten, welche Energie in Ihren eigenen vier Wänden herrscht, und dafür sorgen, dass Ihre Wohnung einladend und ansprechend wirkt.

Falls Sie gerade erst umgezogen sind, können übrig gebliebene negative Energien aus Ihrer Vergangenheit, von früheren Bewohnern oder gar aus der Umgebung verhindern, dass die Atmosphäre entsteht, die Sie gern schaffen möchten. Ob Streitigkeiten mit Verflossenen, Zeiten der Traurigkeit oder des Kummers und Phasen der Einsamkeit oder Verzweiflung – all das ist auf einer energetischen Ebene noch im Raum vorhanden. Mit anderen Worten: Die Wände Ihres Zuhauses können wirklich sprechen, und deshalb sollten Sie unbedingt dafür sorgen, dass Ihr Heim Ihre Bereitschaft für Liebe, Leidenschaft, Hingabe und Erfüllung ausstrahlt. Durch die Klärung Ihres energetischen Raums können Sie diese neue, vielversprechende Zeit unbeschwert beginnen.

Neue Energie durch Ausmisten

Wie ich bereits in einem früheren Kapitel erwähnte, ist es unerlässlich, Raum zu schaffen, wenn man etwas Neues an sich heranziehen will. Um Ihr Zuhause auf die Ankunft Ihres Seelenpartners vorzubereiten, ist es beispielsweise ganz wichtig, Platz im Schlafzimmer und auch im Schrank zu schaffen. Lassen Sie auch auf dem Nachtkästchen auf »seiner« Seite nichts von sich liegen, damit Ihr Seelenpartner seine persönlichen Dinge dort ablegen kann. Ihr Bett sollte groß genug sein, damit zwei Personen bequem darin schlafen können. Wenn Sie geschieden sind, aber noch im einstigen Ehebett schlafen, ist es höchste Zeit für ein neues Bett und neue Bettwäsche.

Fällt es Ihnen schwer, die Erinnerung an frühere Beziehungen loszulassen? Machen Sie im Schlafzimmer oder im Kleiderschrank nur ungern Platz und wollen am liebsten alles so lassen wie bisher? Das könnten Hinweise darauf sein, dass Sie noch nicht so weit sind, mit jemandem zusammenzuleben. Nutzen Sie solche inneren Widerstände als Gelegenheit, um noch mehr in die Tiefe zu gehen (geeignete Übungen finden Sie in den Kapiteln »Seien Sie bereit« und »Lassen Sie die Vergangenheit los«), um möglicherweise noch vorhandene Blockaden aus dem Weg zu räumen.

Für mich ist Ausmisten der schnellste Weg, um neue, positive Energie ins Leben zu bringen. Wie ein »kosmischer Begrüßungsteppich« schickt es eine konkrete, unmissverständliche Botschaft ans Universum, dass Sie bereit sind für einen Menschen, der sich in Ihrer Umgebung wohlfühlt und Ihr Leben – und vielleicht sogar Ihr Bett – mit Ihnen teilt.

Klären und Reinigen durch Space Clearing

Space-Clearing-Rituale gibt es in fast jeder Tradition und Eingeborenenkultur. Diese Techniken dienen dazu, die Lebensenergie – das *Chi* – Ihres Zuhauses zu klären und zu reinigen. Sie beseitigen abgestandene Energie in Ihrer Umgebung und erhöhen den Bewusstseinsgrad in allen Räumen. Es stehen zwar jede Menge Techniken zur Auswahl, aber mir gefällt am besten das Räuchern.

Die Ureinwohner Amerikas beseitigen mit dem Räuchern etwaige negative Energien. Dazu verwenden sie verschiedene Kräuter oder Harze, beispielsweise Salbei, Zeder, Duft-Mariengras und Lavendel. Die Räuchertradition findet immer mehr Verbreitung und stellt eine sehr einfache und angenehme Clearing-Technik dar. Im Bioladen oder in einer esoterischen Buchhandlung finden Sie bestimmt eine große Produktauswahl, unter anderem Räucherstäbchen, Räucherkerzen und Räucherbündel. Sie können sich aber auch professionelle EnergieheilerInnen und Feng-Shui-BeraterInnen für diesen Zweck ins Haus kommen lassen. Wählen Sie die Methode, mit der Sie sich am wohlsten fühlen.

Ich nehme zum Räuchern am liebsten Kalifornischen Beifuß *(Artemisia californica)* und räuchere gern tagsüber. Zuerst öffne ich alle Türen und Fenster und lasse möglichst viel Sonne und Frischluft herein. Ich fange gern bei der Eingangstür an und arbeite mich dann systematisch durchs Haus. Es empfiehlt sich, in jeder Ecke, jeder Kammer und jedem Raum zu räuchern. Achten Sie dabei auf Ihre Absicht und Ihre Gedanken. In der Tradition der amerikanischen Ureinwohner wird bei dieser Räucherzeremonie ein Gebet gesprochen. Sie können eines Ihrer Lieblingsgebete sprechen oder einfach einen Segensspruch aufsagen, etwa: »Segne diese Wohnung, reinige sie von allen negativen Energien und mache sie zu einem gemütlichen

Nest für meine(n) Liebste(n).« Denken Sie daran: Sie wollen die gesamte negative Energie aus Ihrer persönlichen Umgebung entfernen, und die neue, frische, positive Energie, die Sie hereinlassen, soll unterstützend und liebevoll sein.

So räuchern Sie zu Hause

⚲ Zünden Sie das eine Ende des Räucherbündels an und legen Sie es entweder in eine Abaloneschale oder eine hitzebeständige Schale (streifen Sie zum Schutz der Hand, die das Bündel hält, gegebenenfalls einen Topfhandschuh über).

⚲ Fächeln Sie den Rauch mit der Hand oder einem Federfächer über den Bereich oder Gegenstand, den Sie reinigen möchten.

⚲ Beim Reinigen eines Raums halten Sie die Schale fest und bewegen die Hand in großen Kreisen, während Sie durch den Raum gehen. Achten Sie dabei auf Ihre Absicht, jegliche Negativität zu vertreiben, und schaffen Sie Raum, damit die Liebe erblühen kann.

⚲ Vergessen Sie beim Räuchern auch Türrahmen und Schränke nicht.

⊚ Natürlich sollten Sie Vorsicht beim Umgang mit brennenden Gegenständen walten lassen.

Wenn Sie den Beifußgeruch nicht mögen oder es in Ihrer Wohnung keine ausreichende Lüftungsmöglichkeit gibt, haben sich noch die folgenden Space-Clearing-Techniken bewährt:

⊚ Reinigen und klären Sie Ihr Zuhause mit Ihrem Lieblingsräucherwerk. Gehen Sie durch jeden Raum mit drei Räucherstäbchen, wie oben beschrieben.

⊚ Füllen Sie ein Glas mit reinem Wasser, geben Sie ein paar Tropfen Parfüm oder ätherisches Öl hinzu und machen Sie dann die Runde durch die Zimmer. Tauchen Sie den Zipfel eines Taschentuchs immer wieder in die Flüssigkeit und verteilen Sie sie großzügig überall, indem Sie mit dem Taschentuch wedeln.

⊚ Befestigen Sie Kristalle an roten oder rosafarbenen Bändern und hängen Sie sie in den Zimmerecken auf – dadurch werden negative Energien hinausgeleitet und abgewehrt (mehr darüber im folgenden Abschnitt).

Im Grunde genommen gibt es kein Richtig oder Falsch, wenn Sie zu Hause räuchern. Die einzige wichtige »Zutat« ist die Absicht, Ihr Zuhause von alten, überholten, einschränkenden oder negativen Energien zu reinigen, die möglicherweise verhindern, dass die Liebe den Weg zu Ihnen findet. Sobald es in Ihrem Heim keinen unerwünschten Plunder und keine Blockaden mehr gibt, können Sie es mit einigen grundlegenden Feng-Shui-Prinzipien in Ihr persönliches Heiligtum verwandeln, in dem positive, einladende Energien schwingen.

Den Seelenpartner mit Feng-Shui manifestieren

Feng-Shui ist die chinesische Kunst, harmonische Umgebungen zu schaffen. Da diese viertausend Jahre alte Tradition über Generationen hinweg weitergegeben wurde, gibt es heute mehrere verschiedene adaptierte Varianten, darunter die Formenschule, die Kompassschule, die Schwarzhutsekte, Intuitives Feng-Shui und viele andere. Kernstück und zugrunde liegende Absicht all dieser Gedankenschulen ist jedoch dasselbe: Die Energie soll in einer Wohnstätte positiver fließen. In diesem Abschnitt stelle ich Ihnen die Feng-Shui-Prinzipien vor, die mir halfen, meinen Seelenpartner zu manifestieren. Ich schöpfte dabei aus verschiedenen

Quellen, auch aus meiner eigenen Intuition. Ich lade Sie ein, mit diesen Vorschlägen zu experimentieren und das, was Ihnen hilfreich erscheint, in Ihr Leben zu integrieren. Letztendlich müssen Sie Ihre eigene Autorität sein und das tun, was Sie Ihrem Gefühl nach für richtig halten. Nach meiner Erfahrung ist es bei all diesen Prinzipien die Absicht – und nicht so sehr die präzise Ausführung –, die die Liebe in Ihr Leben bringt.

Schon seit mehr als zwanzig Jahren bin ich eine Anhängerin von Feng-Shui. Damals bezog ich eine neue Bleibe in einer neuen Stadt. Ich beriet mich mit dem Feng-Shui-Meister Louis Audet und bat ihn um Rat: welchen Raum ich als Büro nutzen sollte, wo ich die Möbel, Spiegel, Pflanzen, Kunstgegenstände, Accessoires, Windspiele usw. hinstellen beziehungsweise aufhängen sollte. Ich befolgte seine Empfehlungen, und schon wenige Monate nach meinem Umzug konnte ich zusehen, wie es beruflich und finanziell bei mir steil bergauf ging.

Später lernte ich Shawne Mitchell kennen, eine führende Feng-Shui-Beraterin, die mehrere Bücher über das Thema geschrieben hatte. Sie bestätigte Louis' Empfehlungen und verriet mir noch einige Tipps, wie ich dank Feng-Shui die Liebe anziehen konnte. Nachdem ich mich zwei Jahre lang bei mir zu Hause an diese Prinzipien gehalten hatte, lernte ich meinen Seelenpartner und jetzigen Ehemann kennen. Sie müssen nicht verstehen, wie das funktioniert, aber Tatsache ist, dass es bei mir (und den meisten meiner Freunde) klappte. Deshalb bin ich von Feng-Shui absolut überzeugt, wenn es darum geht, einen Seelenpartner zu manifestieren.

Der Wohnungsgrundriss

Laut Feng-Shui entspricht jeder Bereich Ihrer Wohnstätte – und jeder Bereich jedes Raums – einem bestimmten Bereich Ihrer Lebenserfahrung. Jeder Bereich Ihrer Wohnung oder Ihres Hauses lässt sich mithilfe eines sogenannten Baguas aufzeichnen (siehe Seite 93). Insgesamt gibt es acht Bereiche: Weisheit und Wissen, Karriere, Hilfreiche Freunde/Reisen, Kinder und Kreativität, Ruhm und Ansehen, Wohlstand und Reichtum, Gesundheit und Familie sowie Ehe und Beziehungen. Der letztgenannte Bereich ist für unsere Absichten natürlich am interessantesten.

Zunächst einmal müssen Sie herausfinden, wo sich in Ihrer Wohnung der Bereich Ehe und Beziehungen befindet und in welcher Ecke Ihres Schlafzimmers er ist. Nach dem von mir angewandten Feng-Shui-System finden Sie diese wichtigen Stellen in Ihrem Zuhause so:

⊙ Stellen Sie sich an die Wohnungstür mit Blick nach innen und finden Sie mithilfe des Baguas heraus, wo sich die einzelnen Bereiche des Raums auf der Bagua-Schablone befinden. Die *äußerste rechte Ecke* der gesamten Wohnung ist der Bereich Ehe und Beziehungen.

⊙ Stellen Sie sich dann an die Tür Ihres Schlafzimmers mit Blick nach innen. Die *äußerste rechte Ecke* Ihres Schlafzimmers ist der Bereich Ehe und Beziehungen.

Ich empfehle Ihnen, sich besonders auf die Beziehungsecke Ihres Wohnzimmers und die Beziehungsecke Ihres Schlafzimmers zu konzentrieren. Hier noch ein paar Tipps, mit denen Sie das Chi (die Energie) an diesen beiden Stellen energetisieren können:

⊙ Legen Sie in die Zimmerecke rosa Quarzkristalle, am besten herzförmige. Befestigen Sie sie an rosa oder roten Bändern und hängen Sie sie in der Beziehungsecke Ihres Schlafzimmers oder an Fenstern in der Nähe auf.

⊙ Hängen Sie Bilder von Tierpärchen auf, zum Beispiel von zwei Schwänen oder Kranichen (die sich übrigens beide lebenslang binden), Delfinen oder Tauben. Sie können ebenso eine Skulptur aufstellen, die ein Liebespaar oder eine Familie darstellt.

⊙ Schmücken Sie diesen Bereich großzügig mit roten, rosa- oder pfirsichfarbenen Kerzen.

Wohlstand & Reichtum

Ruhm & Ansehen

Ehe & Beziehungen

DAS BAGUA

Gesundheit & Familie

Kinder & Kreativität

Weisheit & Wissen

Hilfreiche Freunde/ Reisen

Karriere

⊙ Platzieren Sie üppig wachsende Grünpflanzen im Raum – besonders solche mit herzförmigen Blättern.

⊙ Hängen Sie ein Windspiel in der Ecke auf.

⊙ An der südlichen Wand Ihres Schlafzimmers könnten Sie auch ein Kunstwerk anbringen – etwas, das Sie an eine Liebesromanze denken lässt und ein Blickfang ist, der gute Laune macht. Frische Blumen stehen für Wachstum und Ausdehnung und erinnern Sie immer daran, Ihr Herz nicht zu verschließen. Vermeiden Sie aber Trockenblumen, vor allem im Schlafzimmer, denn sie stehen für mangelnde Energie.

So sichern Sie sich die Unterstützung hilfreicher Menschen

Wenn Sie mit Feng-Shui Ihren Seelenpartner anziehen wollen, ist noch ein anderer Wohnbereich erwähnenswert, nämlich Hilfreiche Freunde/Reisen. Er befindet sich in der rechten unteren Ecke des Baguas, neben der Beziehungsecke Ihrer Wohnung. Durch einen erhöhten Chi-Fluss in diesem Bereich öffnen Sie sich nach Feng-Shui für Hilfe oder Führung aus unerwarteten Quellen. Meine Freundin Gigi kann dies nur bestätigen.

Gigi tat alles in ihrer Macht Stehende, um ihrem Seelenpartner zu begegnen: Sie betete, sie besuchte Single-Veranstaltungen und traf sich fortan nicht mehr mit Freunden nach der Arbeit auf einen Drink – alles vergebens. Etwa um dieselbe Zeit beschäftigte sich Gigis Freundin Patricia eingehend mit Feng-Shui und fragte, ob sie ihr neu erworbenes Wissen in Gigis Wohnung in Form einer Beratung anwenden dürfe. Zunächst war Gigi skeptisch, meinte dann aber: »Warum nicht?«

Patricia ging jeden einzelnen Raum von Gigis Wohnung durch und stellte dabei fest, dass sich viele Bereiche und damit Gigis Liebesleben verbessern ließen. So standen etwa in der Beziehungsecke der Wohnung viele Pflanzen. Patricia schlug Gigi vor, ein paar davon in rote Töpfe zu stellen (Rot ist eine ansprechende Farbe und bekanntermaßen die Farbe der Liebe), dreimal ein Gebet zu sprechen, wenn sie die umgetopften Pflanzen an ihren Platz zurückstellte, und sich vorzustellen, was sie sich in Bezug auf ihr Liebesleben wünschte. Obwohl Gigi das ziemlich komisch vorkam, tat sie es ihrer Freundin zuliebe und stellte sich dabei vor, sie trüge ein Hochzeitskleid und küsste ihren Bräutigam.

Patricia fiel außerdem auf, dass in Gigis Wohnung der Bereich Hilfreiche Freunde trostlos und schlecht beleuchtet war. Sie erklärte Gigi, dass es sich bei »Hilfreichen Freunden« um Menschen handelte, die einem in irgendeiner Weise helfen, nicht nur finanziell, sondern beispielsweise mit einem weisen Rat oder indem sie uns mit einer besonderen Person bekannt machen.

Da so viele Seelenpartner dank der Vermittlung durch einen Freund, ein Familienmitglied, eine Arbeitskollegin oder andere »hilfreiche« Personen zusammenfinden, betonte Patricia, wie wichtig es sei, diesen Bereich der Wohnung zu pflegen. Sie empfahl Gigi, dort etwas Schwarzes zu platzieren und für eine bessere Beleuchtung zu sorgen. Gleich am nächsten Tag kaufte sich Gigi einen schwarzen Halogen-Deckenfluter und stellte ihn im Bereich Hilfreiche Freunde auf. Sie sprach dreimal ein Gebet und visualisierte, dass ihr aus allen Richtungen Hilfe zufloss.

Das war übrigens an einem Freitag.

Am Samstagabend läutete Gigis Telefon. Es war eine Arbeitskollegin, die sie zwar sehr mochte, mit der sie aber lediglich hin und wieder zum Mittagessen ging oder sich bei Firmenanlässen traf. Diese Arbeitskollegin teilte ihr mit, dass der beste Freund ihres Mannes, Rick, sich kürzlich hatte scheiden lassen und gern jemand Neuen kennenlernen wollte. Sie und ihr Mann hätten sich die Liste ihrer weiblichen Bekannten angeschaut, die noch zu vergeben waren, als ihnen plötzlich Gigis Name »wie der Strahl einer Halogenlampe« in den Sinn kam. Zu viert gingen sie am darauffolgenden Wochenende aus, und seither sind Rick und Gigi ein Paar.

Feng-Shui im Schlafzimmer

Im Feng-Shui ist das Schlafzimmer der Ort, der einen harmonischen Fluss unterstützender, sinnlicher Energie begünstigt. Idealerweise sollte dieser Raum zugleich einladend und besänftigend, anregend und beruhigend wirken. Hier einige Tipps, mit denen Sie laut einhelliger Meinung von Experten Ihr Schlafzimmer in einen angenehmen, gemütlichen Ort verwandeln, an dem man sich gern aufhält:

- Das Schlafzimmer sollte am besten im hinteren Teil des Hauses beziehungsweise der Wohnung liegen und den Bewohnern ein Gefühl von Sicherheit, Privatsphäre und Behaglichkeit vermitteln.

- Hängen Sie besser keine Kinder- oder Familienfotos im Schlafzimmer auf – Sie möchten doch wahrscheinlich nicht, dass Familienmitglieder symbolisch als Zuschauer in Ihrem »Liebesnest« zugegen sind!

- Nutzen Sie Ihr Schlafzimmer wenn möglich nicht als Büro. Räumen Sie alles weg, was an Arbeit erinnert: Schreibtisch, Regale, Computer, Lernmaterial und dergleichen. Ihr Schlafzimmer ist ein heiliger Ort zum Schlafen, Ausruhen, Turteln und für das Liebesspiel. Je weniger Ablenkung, desto besser.

- Verbannen Sie den Fernseher aus dem Schlafzimmer. Wenn Sie nicht darauf verzichten können, stellen Sie das Gerät in einen Schrank oder decken Sie es mit einem Tuch ab, damit Sie es symbolisch verschwinden lassen können, wenn es nicht benutzt wird.

⊙ Überlegen Sie sich gut, welche Bilder und Kunstobjekte Sie im Schlafzimmer haben wollen und welche nicht. Mit anderen Worten: Bilder, die Traurigkeit oder Einsamkeit ausstrahlen, sollten Sie nicht aufhängen – es sei denn, Sie sind gern traurig und einsam.

⊙ Verzichten Sie im Schlafzimmer auf Spiegel. Laut Feng-Shui sind sie bestens geeignet für das Wohnzimmer, aber im Schlafzimmer führen sie möglicherweise dazu, dass Sie nicht einschlafen können und aufgedreht sind.

⊙ Verstauen Sie keine Gegenstände unter dem Bett. Schaffen Sie andere Aufbewahrungsorte für Winterkleidung und Bettwäsche, damit der Raum rings um Ihr Bett mit neuer Energie belebt wird.

⊙ Öffnen Sie oft die Fenster, damit die Luft im Schlafzimmer frisch und sauerstoffreich bleibt.

⊙ Stellen Sie Ihr Bett falls irgend möglich nicht unter ein Fenster, und achten Sie darauf, dass Ihr Kopf nicht auf eine Badezimmerwand gerichtet ist, denn diese Wände sind ungünstige Orte.

Ein Symbol der Liebe: der Beziehungsaltar

Ein ganz wichtiges Objekt, um mehr Liebe in Ihr Leben zu holen, ist der – wie ich ihn nenne – Beziehungsaltar. In ihrem Buch *Creating Home Sanctuaries with Feng Shui* erklärt meine Freundin Shawne Mitchell: »Altäre wurden schon immer dazu genutzt, die reinsten und würdevollsten Kräfte anzuziehen, wie ein Blitzableiter.« Ein Beziehungsaltar, wie ich ihn hier definiere, ist einfach eine Ansammlung von Bildern und Symbolen, die Liebesgefühle in Ihnen aufkommen lassen und die Suche nach dem Seelenpartner anregen. Wenn Sie Kinder haben möchten, können Sie Fotos von glücklichen Familien oder Fruchtbarkeitssymbole auf den Altar legen. Sind Ihnen Reisen wichtig, stellen Sie Bilder von exotischen Orten auf, an die Sie mit Ihrem Liebsten oder Ihrer Liebsten reisen möchten. Für mich sind Schmetterlinge ein Symbol für Kreativität – eine Eigenschaft, die ich mir von meinem Seelenpartner wünschte –, und deshalb habe ich überall auf meinem Beziehungsaltar Schmetterlingsfotos aufgestellt. Außerdem legte ich eine Ikone von Krishna und Radha dazu, die für heilige Liebe stehen, sowie das Foto der indischen Heiligen Amma (die am Schluss eine wichtige Rolle bei der Manifestation meines Seelenpartners spielte, siehe Seite 222).

Der Beziehungsaltar erfüllt zweierlei Zwecke: Erstens verschönert er Ihr Zuhause oder Ihr Schlafzimmer. Zweitens, und das ist noch wichtiger, dient er als Fokus, damit Sie Ihre Absicht klären und genau das an sich ziehen, was Sie sich in einer Beziehung wünschen. Natürlich ist es Ihnen überlassen, wie schlicht oder kunstvoll Sie Ihren Altar gestalten und ob Sie ihn an einem für alle zugänglichen Ort in der Wohnung oder in Ihrem privaten Schlafzimmer errichten möchten. Verstehen Sie die folgenden Vorschläge als Anregung, aber lassen Sie bei der Gestaltung vor allem Ihre eigene Kreativität zum Tragen kommen.

- Bestimmen Sie mithilfe des Baguas auf Seite 93 die Beziehungsecke Ihres Wohnzimmers oder Ihres Schlafzimmers und errichten Sie Ihren Altar an einem stillen Platz, wo er nicht stört.

- Wählen Sie die Größe der Abstellfläche danach aus, wie viel Raum Ihnen zur Verfügung steht. Ein niedriger Tisch mit einem hübschen Tuch darauf ist bestens geeignet.

- Dekorieren Sie Ihren Altar mit Fotos, Symbolen, Skulpturen oder Statuen, die Gefühle wahrer Liebe wecken und genau die Art von Beziehung darstellen, die Sie suchen. Stellen Sie rosafarbene oder rote Kerzen und frische Blumen dazu.

- Sie könnten sich auch Ihre Schatzkarte (siehe Kapitel 1) rahmen lassen und sie direkt über dem Altar aufhängen. Das gibt einen doppelten Energieschub!

Das Ganze soll Ihnen Spaß machen und etwas sehr Persönliches sein. Verwenden Sie deshalb Farben, Stoffe, Bilder und Gegenstände, die Ihnen am Herzen liegen.

Ein Gebet für den Seelenpartner

Wenn Sie die Anregungen in diesem Kapitel aufgreifen – ausmisten, die Energie Ihres Zuhauses klären und die Lebensenergie mithilfe der jahrhundertealten Feng-Shui-Prinzipien wieder stärker zum Fließen bringen –, wird Ihr Zuhause zu einem heiteren, offenen und ansprechenden Ort, an dem die Liebe erblühen kann. Freuen Sie sich täglich in Dankbarkeit und Stille über den Raum, den Sie geschaffen haben, und stellen Sie sich dabei vor, wie Ihr Herz energetisch das Herz Ihres Seelenpartners berührt.

Hoffentlich haben Sie nun Lust bekommen, Ihr Zuhause in einen, wie ich es nenne, »weichen Landeplatz« zu verwandeln. Damit ist einerseits die sichtbare Umgebung unseres Heims gemeint, andererseits aber auch der Platz der Gefühle in unserem Herzen. Ein weicher Landeplatz ist letztendlich das, was wir in einer engen Beziehung suchen. Wenn Sie sich genau jetzt zu Hause einen Raum schaffen, an den Sie sich zurückziehen können, beschenken Sie sich ganz konkret mit dem, wonach Sie in einer Beziehung suchen. Ihr weicher

Landeplatz kann ein behaglicher Riesensessel in einer Zimmerecke oder eine weiche Zweier-Hängematte unter einem Baum im Hinterhof sein. Nutzen Sie diesen Raum täglich, um Ihre Aufmerksamkeit auf die Absicht zu richten, Ihre große Liebe anzuziehen, um Ihre Seelenpartner-Wunschliste durchzulesen oder das folgende Gebet zu sprechen, das ich täglich aufsagte und im Lauf der Jahre an Hunderte von Menschen weitergegeben habe.

Achten Sie darauf, dass Sie sich bei diesem Gebet in einer stillen, friedlichen Verfassung befinden, aus der heraus Sie einfach dankbar sind für das, was – wie Sie wissen – bereits Wirklichkeit ist. Zünden Sie eine Kerze an, machen Sie es sich auf Ihrem großen, gemütlichen Bett bequem, empfinden Sie Ihr Zuhause, Ihr Leben und Ihr Herz als weichen Platz, an dem Ihr Seelenpartner landen kann, und lassen Sie jedes Wort einzeln durch Sie hindurchwogen, wenn Sie es laut lesen.

Mit diesem täglichen Gebet manifestieren Sie Ihren Seelenpartner:

Gott/Göttin und Alles Was Ist,
in diesem Augenblick bin ich dankbar dafür,
dass mein Herz von allem geheilt wird,
was mich davon abhalten könnte,
meinen Seelengefährten anzuziehen.
In diesem Augenblick erinnere ich mich daran,
dass mein idealer, richtiger Partner
wie von einem Magneten angezogen wird,
und ich kann kurz eine Pause einlegen, weil ich
    weiß,
dass sein/ihr Herz bereits mit meinem verbunden
    ist,
während ich »die Wartezeit genieße«.

Und so sei es.

KAPITEL 4

Leben Sie »als ob«

Liebst du mich, weil ich schön bin,
oder bin ich schön, weil du mich
liebst?
Aschenputtel

In dem Film *Gespräche mit Gott* sagt die Hauptfigur Neale zu Gott: »Ich möchte einfach mein Leben wieder zurückhaben.« Darauf antwortet Gott: »Du kannst nicht etwas *haben*, was du *haben willst*.« In dem darauffolgenden Dialog erklärt Gott Neale, wenn man etwas (oder jemanden) haben wolle, erlebe und fühle man nur das »Habenwollen«.

Verstehen Sie mich jetzt bitte nicht falsch. Ich weiß, dass Sie Ihrem Seelenpartner begegnen wollen – so viel steht fest. Dieser Wunsch ist ja auch eine sehr große Kraft, die den Prozess der Manifestation in Gang setzt. Aber es stimmt, was Gott zu Neale sagte: Habenwollen erzeugt nur mehr Habenwollen. Wenn uns klar ist, was wir haben wollen, müssen wir lernen, den Zustand des

Habenwollens in einen Zustand des *Habens* zu verwandeln. Ganz einfach ausgedrückt: Dies ist der Vorgang, den man *Leben als ob* nennt.

Den Seelenpartner ins Leben einladen

Leben als ob heißt, dass Sie Ihre derzeitige Realität verlassen und in die Realität eintreten, die sich für Sie verwirklichen soll. Es bedeutet, dass Ihr tägliches Handeln Ihre Überzeugung widerspiegelt und bestätigt, dass Ihr Seelenpartner existiert und bereits für Sie bestimmt ist.

Das beste Beispiel für dieses Prinzip, das ich je gehört habe, erzählte mir eine bekannte Schauspielerin (deren Identität ich leider nicht verraten kann, weil sie mich zum Stillschweigen verpflichtet hat). Sobald ihr klar geworden war, dass sie bereit war, ihr Leben mit einem anderen Menschen zu teilen, lebte sie fortan so, als wäre diese Person bereits Teil ihres Lebens. Sie legte Musik auf, die dieser Mann ihrer Meinung nach mögen würde; sie trug hübsche Nachthemden statt der typischen Baumwollschlafanzüge. Jeden Morgen hatte sie das Gefühl, sie wachten zu zweit auf und würden den Tag gemeinsam beginnen; und beim Abendessen zündete sie jedes Mal Kerzen an und deckte den Tisch auch für ihn. Nach den Worten dieser Schauspielerin kam er irgendwann tatsächlich. Sie hatte eine deutliche

Botschaft ins Universum geschickt, und das Universum »lieferte«.

Vielleicht haben Sie keine Lust, jeden Abend den Tisch für zwei Personen zu decken, aber überlegen Sie doch einmal, was Sie tun könnten, damit das Gefühl entsteht, Sie teilten Ihr Leben bereits mit Ihrem oder Ihrer Liebsten. Kaufen Sie zum Beispiel zwei Karten für ein Konzert oder ein Theaterstück, das erst in ein paar Monaten stattfinden wird, mit der Absicht, dass Sie die Aufführung zu zweit besuchen werden. Wenn Sie das nächste Mal Grußkarten kaufen, wählen Sie doch solche, die Sie ihm oder ihr zum Geburtstag oder zum Jahrestag Ihrer Beziehung schenken könnten – alles in dem Wissen, dass dieser Tag schon bald eintreffen wird.

Gibt es noch Dinge, die Sie schon lange für Ihr Zuhause kaufen wollten (oder hoffen Sie, diese Dinge zur Hochzeit geschenkt zu bekommen)? Kaufen Sie sie jetzt! Wenn Sie ganz sicher wüssten, dass Ihr Prinz oder Ihre Prinzessin innerhalb von Monaten oder Wochen bei Ihnen hereinspaziert käme, was bräuchten Sie dann, um Ihr Heim vorzubereiten? Würden Sie neue Bettwäsche, Handtücher oder Geschirr kaufen? Würden Sie Ihr Badezimmer auf Hochglanz bringen? Würden Sie einen Garten anlegen? Sie werden wissen, wann Sie wirklich glauben, dass Ihr Seelenpartner auf dem Weg zu Ihnen ist, denn dann wird es für Sie zu einer Priorität werden, in allen Bereichen Raum für diesen Menschen zu schaffen.

Als ich mein erstes Haus kaufte, war ich in meinen Dreißigern und hatte einige Konflikte mit mir auszutragen, weil ich mir immer vorgestellt hatte, ich würde meine erste Bleibe mit meinem Mann kaufen. Doch finanziell gesehen war es für mich der richtige Zeitpunkt, in eine Immobilie zu investieren, und ich wusste, ich musste dranbleiben. Die ersten Nächte, die ich allein dort verbrachte, waren hart und ließen Gefühle von Sehnsucht und Traurigkeit in mir aufsteigen. Ich befand mich eindeutig mehr im Zustand des *Habenwollens* statt des *Habens*. Da ich merkte, dass mir dieser Zustand nicht weiterhalf, beschloss ich, meine neuen Räumlichkeiten in einen »Liebespalast« zu verwandeln, der immer dann, wenn ich ihn betrat, Gefühle von Liebe, Wärme, Romantik und freudiger Erwartung auslöste. Ich ließ alle Räume, auch die Decken, zart pastellpink streichen, stellte überall sattgrüne Pflanzen auf und umgab mich mit weißen Möbeln und überdimensionalen Sitzgelegenheiten, in die man sich hineinsinken lassen konnte. Mein Zuhause verströmte nicht mehr Kälte und Einsamkeit, sondern wurde zu einem gemütlichen, einladenden Nest, in dem ich voller Stolz aufwachte und das ich mit noch mehr Stolz mit jemandem teilen wollte.

Neue Sichtweisen – neue Verhaltensweisen

Wenn Sie so leben, als sei das, was Sie sich wünschen, bereits Realität, bekommen Sie eine ganz andere Lebenseinstellung. In den 1970er-Jahren, als die Human-Potential-Bewegung gerade aufkam, ergaben Forschungen, dass unser Nervensystem nicht zwischen einem echten Ereignis und einem eingebildeten Ereignis unterscheiden kann. Wenn Sie die Empfindungen heraufbeschwören, wie es wäre, Ihr Leben mit einem anderen Menschen zu teilen, verändert sich nicht nur Ihre Art zu fühlen, sondern auch Ihre Einstellung, Ihre Haltung; es kann sogar zu neuen Verhaltensweisen führen. Machen Sie doch einmal spaßeshalber folgendes Experiment: Denken Sie an eine positive Eigenschaft, die Sie in Ihrem Leben öfter zum Ausdruck bringen möchten – vielleicht Vertrauen oder Geduld oder Charme oder Humor. Denken Sie dann an einen Menschen (jemanden, den Sie persönlich kennen, eine Freundin oder ein Familienmitglied, oder einen Unbekannten, etwa eine berühmte Persönlichkeit), der diese Eigenschaft tatsächlich besitzt. Holen Sie tief Luft und stellen Sie sich vor, dass Sie die Welt nun durch die Augen dieser Person betrachten. Sie sehen die Welt durch den Filter ihrer Gedanken und Überzeugungen. Sieht sie anders aus? Fühlen Sie sich anders? Wenn Sie sich immer so fühlen würden, würde Sie dies anspornen, Dinge anders zu machen?

Während Sie darauf warten, dass Ihr Seelenpartner Ihnen seine Gegenwart ankündigt, haben Sie wunderbar Gelegenheit, über sich selbst nachzudenken. Überlegen Sie einmal: Wenn Ihr Seelenpartner die Fähigkeit hätte, Ihr Leben genau jetzt zu sehen, wären Sie (und er) dann glücklich mit dem, was Sie beide sähen? Leben Sie Ihr Leben ab heute so, *als ob* dieser Mensch bereits da wäre. Das ist das Geheimnis, wie man das Gesetz der Anziehung aktiviert! Vielleicht würden Sie nach einem höheren Maßstab als bisher leben, wenn Sie ganz genau wüssten, dass Ihr Seelenpartner bereits auf dem Weg zu Ihnen ist! Weshalb also sollten Sie noch länger damit warten, all diese Dinge in Ordnung zu bringen? Denken Sie nicht nur darüber nach, wie Sie Ihr Leben neu gestalten wollen, sondern auch darüber, wie Sie sich anderen gegenüber darstellen. Jetzt ist ein guter Zeitpunkt, mit dem Jammern aufzuhören, dass »alle Guten schon vergeben« sind, und sich vor allem nicht länger als »eingefleischter Junggeselle« oder als »alte Jungfer« oder ähnlich abwertend zu bezeichnen. Denken Sie immer daran: Sie ziehen jemanden an, der energetisch zu dem Wertesystem passt, nach dem Sie selbst leben. Wenn Sie bisher Verhaltensweisen an den Tag legten, die Sie bei Ihrem künftigen Seelenpartner nicht so gern sehen möchten, dann fangen Sie bei sich selbst an und hören Sie auf damit!

Die Wartezeit positiv sehen

Sechs Monate bevor ich meinem Seelengefährten Brian begegnete, lernte ich einen Mann kennen, den ich hier Bill nennen will. Bei uns stimmte einfach die Chemie, aber ich wusste sofort beim ersten Treffen, dass er nicht »derjenige, welcher« war. Ich hatte von anderen gehört, dass Bill ein »Spieler« sei, und war nicht bereit, Zeit oder Energie für jemanden wie ihn zu verschwenden. Aber Bill war äußerst charmant und schien immer genau dann aufzukreuzen, wenn ich mit meinen Freunden unterwegs war. Er gab mir deutlich zu verstehen, dass er nichts gegen eine Affäre hätte, und flirtete heftig mit mir. Manchmal gab es Momente, da hätte ich beinahe Ja gesagt. Aber dann merkte ich, dass das Universum mich auf die Probe stellen wollte. Hätte ich mich auf Bill eingelassen, wäre das gewesen, als hätte ich einen leckeren Eisbecher gelöffelt, obwohl ich auf Diät war. Für den Moment wäre es sicher ganz nett gewesen, aber kurz danach hätte ich es bestimmt bereut. Deshalb entschied ich mich dafür, »die Wartezeit zu genießen« und mich darauf zu konzentrieren, meinen sehnlichsten Wunsch nicht aus den Augen zu verlieren und meinen Seelenpartner anzuziehen. Es fiel mir nicht leicht, aber ich war richtig stolz auf mich, dass ich der Versuchung widerstand.

Ich möchte an dieser Stelle betonen, dass die Technik des »Lebens als ob« nicht wie ein Verband benutzt

werden sollte, mit dem man Gefühle des Deprimiert-
seins überdeckt. Das würde nur zu Leugnung führen.
Sie müssen dazu stehen, dass Sie sich zeitweise wahrscheinlich niedergeschlagen oder sogar deprimiert fühlen, weil Sie zwar etwas haben wollen, es aber nicht
haben. Wehren Sie sich nicht gegen diese Gefühle, falls
sie auftauchen. Gestehen Sie sich fünf Minuten zu, in
denen Sie so deprimiert sind, wie Sie wollen. Stellen
Sie sich vor, Sie sitzen ganz tief unten in einem schwarzen, trostlosen Loch und schreiben in Ihr Tagebuch
oder machen Ihrem Herzen laut darüber Luft, dass es
Ihnen dreckig geht und Ihr Leben so öde und leer ist.
Lassen Sie sich richtig gehen. Wenn Sie sich noch mehr
reinsteigern wollen, dann stellen Sie sich dabei vor den
Spiegel. Ich garantiere Ihnen, dass Sie das keine fünf
Minuten aushalten und sich dann gern mit positiveren
Gedanken beschäftigen werden. Sobald Sie Ihre Trau-
rigkeit überwunden haben, schauen Sie sich einen hei-
teren Film an, der Sie mit Liebe, Hoffnung und Ver-
trauen erfüllt. Zu meinen absoluten Favoriten gehören
Pretty Woman, Mondsüchtig, Tatsächlich Liebe und der
Klassiker *Ein tödlicher Traum (Somewhere in Time)*.

Denken Sie daran: Der Prozess, Ihren Seelenpartner
anzuziehen, hat etwas mit Magnetismus zu tun. Wenn
Sie beschließen, so zu leben, als gehörte Ihr Seelenpartner bereits zu Ihrem Leben, schicken Sie ein ein-
deutiges Signal ans Universum, dass Sie *jetzt* für ihn
bereit sind. Und nicht ein Signal, dass Sie *irgendwann*

einmal bereit sind – wenn Sie weniger arbeiten oder wenn Ihre Wohnung aufgeräumt ist oder wenn Sie fünf Kilo abgenommen haben! Denken Sie an die berühmte Zeile aus dem Film *Feld der Träume* mit Kevin Costner: »Wenn du es baust, wird er kommen.« Leben als ob ist, als würden Sie in Ihrem Herzen einen Lichtschalter betätigen. Dies ist das Licht, mit dessen Hilfe Ihr Liebster/Ihre Liebste den Weg zu Ihnen finden wird.

Die nächste *gefühlte Visualisierung* zeigt Ihnen, wie Sie das Licht in Ihrem Herzen anknipsen, damit Sie dem Universum ganz deutlich Ihre Bereitschaft vermitteln, die Liebe zu empfangen, die Ihnen bereits gehört.

Gefühlte Visualisierung: Schalten Sie Ihr Herzenslicht ein

Schließen Sie die Augen und atmen Sie durch die Nase ein, während Sie den Stress des zurückliegenden Tages langsam loslassen. Atmen Sie langsam ein und aus, nehmen Sie wahr, wie das Gedankenkarussell im Kopf allmählich zum Stillstand kommt, und kommen Sie allmählich in Ihrem Körper zur Ruhe. Tauchen Sie völlig in diesen Augenblick ein.

Wenn Sie ruhiger, stiller geworden sind und mehr Frieden verspüren, erinnern Sie sich an eine Zeit, in der Sie Liebe oder Wertschätzung erfahren haben. Beispielsweise als Sie einem Baby, einem Haustier oder einem lieben Freund in die Augen geschaut haben. Gestatten Sie sich in dem Augenblick, diese Gefühle von Liebe und Wertschätzung noch einmal zu erleben … Richten Sie derweil Ihre Aufmerksamkeit auf den Bereich rings um Ihr Herz und nehmen Sie wahr, wie es sich langsam ausdehnt. Atmen Sie diese Gefühle von erinnerter Liebe und Wertschätzung in Ihr Herz und den umliegenden Bereich ein …

Stellen Sie sich auch vor, dass Sie mithilfe der Gefühle von Liebe und Wertschätzung, die Sie jetzt gerade empfinden, Ihr eigenes Herzenslicht lokalisieren können. Vielleicht sehen Sie es als Lichtschalter, als Fackel, Laterne oder auch als GPS-Gerät – jede Form ist in Ordnung. Vielleicht empfinden Sie ein leichtes Kribbeln oder Wärme. Sie besitzen ein inneres Herzenslicht, ganz egal wie es bei Ihnen aussieht und funktioniert. Sehen Sie es jetzt, spüren Sie es jetzt … und strecken Sie jetzt die Hand aus und schalten Sie es an. Atmen Sie einmal tief in Ihr Herz hinein, denken Sie dabei weiterhin an die Gefühle von Liebe und Wertschätzung und lassen Sie sie immer stärker werden.

Und während Sie sich gestatten, diese Gefühle einzuatmen, lassen Sie alle Zweifel oder Gedanken darüber fahren, dass Sie sich das nur vorstellen …

Wenn die Verbindung zu Ihrem inneren Herzenslicht stark genug ist, stellen Sie sich vor, Sie könnten diese Gefühle der Liebe und Wertschätzung in die Welt hinaus-

senden ... zu jedem anderen Herzen auf der Welt ... zu jedem Mann, jeder Frau, jedem Kind, Delfin, Vogel, zu jedem fühlenden Lebewesen ... Üben Sie jetzt, der Welt Ihre reinste Liebe zu schicken, und wenn Sie dabei Ihr inneres Licht einschalten, seien Sie gewiss, auf diese Weise ein Signal ins Herz Ihres Seelenpartners zu senden, dass Sie bereit und gewillt sind, ihn oder sie magnetisch in Ihr Leben zu ziehen.

Beobachten Sie weiterhin, wie dieses Licht aus Ihrem Herzen strömt, dieses Licht, das von Vertrauen und innerem Wissen geprägt ist. Sehen Sie zu, wie es den Raum um Ihren Körper erfüllt und in die Welt um Sie herum ausstrahlt ... atmen Sie in dieses Licht, in dieses liebevolle Gefühl, und schicken Sie es bis in die Weiten des Universums.

Versenken Sie sich tief in das Wissen, dass Ihr Seelenpartner genau in diesem Augenblick von Ihrer Herzensenergie berührt wurde. Atmen Sie in das tiefe Wissen darum, dass er oder sie tatsächlich bereits auf dem Weg zu Ihnen ist. Seien Sie weiterhin gewiss, dass jede Zelle Ihres Wesens jetzt weiß, dass Ihr Seelenpartner unterwegs zu Ihnen ist.

Sie brauchen nicht zu wissen, wann, wo oder wie Sie diesem Menschen begegnen werden ... bleiben Sie einfach bei dieser Gewissheit, dass er wirklich kommen wird. Und lassen Sie sich von diesem Gedanken ein Lächeln auf die Lippen zaubern.

Sagen Sie sich jetzt, dass es gut ist, Ihr Herzenslicht

eingeschaltet zu lassen. Sagen Sie sich immer wieder, dass Sie geliebt und beschützt werden und dass Sie bereit sind. Denken Sie daran, dass Sie viel Liebe zu geben und viel Liebe zu bekommen haben. Und seien Sie sich ganz gewiss, dass Sie, wenn Sie so leben, als ob Ihr Seelenpartner bereits an Ihrer Seite wäre, Ihre Liebe jedem schenken können, dem Sie begegnen. Dann strahlt Ihr Herzenslicht noch stärker und heller bei jedem liebevollen Gedanken, den Sie hegen.

Wenn Sie jetzt dazu bereit sind, öffnen Sie die Augen und vergessen Sie nicht, Ihr Herz auch weiterhin offen zu halten.

Der größte Fan von sich selbst werden

Um jemanden in Ihr Leben zu ziehen, der Sie lieben, schätzen und verehren wird, müssen Sie zuerst Ihr eigener größter Fan werden. Wenn Sie also jemanden anziehen wollen, der Sie umwirbt, müssen Sie zuerst sich selbst umwerben! Wenn Sie sich schon darauf freuen, mit diesem besonderen Menschen eines Tages gemeinsam Freude und Abenteuer zu erleben, dann denken Sie sich jetzt sofort für sich selbst ein paar vergnügliche Abenteuer aus.

Bevor ich Brian begegnete, stellte ich mir manchmal vor, mein Seelenpartner und ich würden Tauchen lernen. Irgendwann hatte ich die Warterei satt und schrieb mich für einen Tauchkurs ein. Nach bestandener Prüfung schmiedete ich Pläne, mit ein paar Frauen, die ich im Kurs kennengelernt hatte, eine große Tauchreise in die Karibik zu machen. Kaum hatte ich diese Pläne umgesetzt, zeigte ein Mann, mit dem ich mich einige Wochen lang locker verabredet hatte, riesengroßes Interesse an mir und setzte alle Hebel in Bewegung, um mitzureisen.

Dieser Mann war letztendlich zwar nicht »der Richtige«, doch seine Reaktion auf meine Entscheidung bestätigte mir, dass ich richtiglag. Leben als ob ist eine Erklärung an das Universum, dass Sie nicht gewillt sind, Ihre Freude auf einen Tag in einer fernen Zukunft zu verschieben. Je früher Sie anfangen, jeden Tag so zu leben, als wären Sie leidenschaftlich und heftig verliebt, desto leichter kann die Liebe zu Ihnen finden.

KAPITEL 5

Verfassen Sie Ihre Seelenpartner-Wunschliste

Eines Tages, nachdem wir Herr der Winde, der Wellen, der Gezeiten und der Schwerkraft geworden sind, werden wir uns in Gottes Auftrag die Kräfte der Liebe nutzbar machen. Dann wird die Menschheit, zum zweiten Mal in der Weltgeschichte, das Feuer entdeckt haben.

Pierre Teilhard de Chardin

Was tun Sie als Erstes, wenn Sie in Ihre Lieblings-kaffeebar gehen? Natürlich etwas bestellen! Selbstbewusst sagen Sie an der Theke: »Ich möchte gern einen großen Becher Kaffee mit Magermilch und einem Schuss Vanillesirup zum Mitnehmen.« Die Bedienung notiert lächelnd Ihre Bestellung und kassiert das Geld ein. Schon nach wenigen Minuten treten Sie mit genau dem köstlichen Kaffee, den Sie bestellt haben, wieder auf die Straße.

Die richtige Bestellung aufgeben

Wenn Sie beim Universum einen Seelenpartner »bestellen« wollen, funktioniert das ganz ähnlich. Zwar nicht immer sofort, aber durchaus genauso präzise. Wenn Sie allerdings die ganze Kraft des Universums nutzen möchten, um Ihren Seelengefährten zu manifestieren, gilt eines: Ihre Bestellung muss eindeutig sein.

Um die Liebe Ihres Lebens zu bestellen, braucht es natürlich etwas mehr als für die Bestellung Ihres Lieblingskaffees. Damit Sie »richtig bestellen« können, müssen Sie in sich gehen und Ihr Herz befragen, was Sie sich wirklich wünschen. Inzwischen haben Sie wahrscheinlich eine ziemlich genaue Vorstellung, welchen Partner Sie *nicht* wollen; aber wenn es um den Seelenpartner geht, ist das nicht der richtige Weg. Sie müssen um das bitten, was Sie haben wollen. Und je konkreter Sie darum bitten, desto leichter hat es das Universum, auf Ihren Wunsch zu reagieren.

Überlegen Sie sich an diesem Punkt gründlich und ehrlich, welches Ihre besonderen Ziele, Wünsche, Vorlieben und Prioritäten sind. Wenn Sie Klarheit darüber gewinnen, was Ihnen in jedem Lebensbereich wirklich wichtig ist, werden Sie ein deutliches, unmissverständliches Signal aussenden, das Sie zu einem Partner beziehungsweise einer Partnerin führt, die ähnliche Wertvorstellungen und Ziele hat wie Sie. Bleiben Sie jedoch zu lange unschlüssig oder tappen in die Falle »Ich will mir alle Möglichkeiten offenhalten«, dann verwirren Sie den kosmischen »Bestelldienst«, der nicht weiß, was Sie nun wirklich wollen.

Vor Kurzem coachte ich die fünfundvierzigjährige Colleen, die seit ihrer Jugend auf der Suche nach ihrem Seelenpartner war. Zunächst versuchte ich ihr zu entlocken, worauf sie bei einem Mann genau achtete und welcher Lebensstil ihr mit ihm vorschwebte. Als ich ihr die direkte Frage stellte, »Wollen Sie Kinder?«, überraschte es mich, dass sie darauf keine eindeutige Antwort geben konnte. Nach weiteren Fragen stellte sich heraus, dass Colleen eigentlich keine Lust hatte, fremde Kinder aufzuziehen, zugleich aber wusste, dass ihre Chancen, einen etwa gleichaltrigen Mann mit ähnlichen Interessen wie sie kennenzulernen, noch mehr schrumpften, wenn sie in diesem Punkt nicht kompromissbereit war. Einerseits gehörten zu ihrem Lebensstil keine Kinder, andererseits hatte sie aber Angst, dies zuzugeben.

Was meinen Sie: Wie eindeutig war das Signal, das Colleen ins Universum schickte? Sie wollte auf Nummer sicher gehen, aber damit beging sie nicht nur Verrat an ihren wirklichen Wünschen, sondern machte es dem Universum ausgesprochen schwer, ihr einen passenden Partner zu schicken.

Kompromisse und K.-o.-Kriterien

Eines Abends erzählte ich meinem Mann Brian beim Essen von einem Blind Date, das unsere Freundin Roberta kürzlich gehabt hatte. Anscheinend hatte der betreffende Mann eine unangenehme Angewohnheit, die ihm nicht einmal bewusst zu sein schien. Wie Roberta erzählte, machte er ständig schmatzende Geräusche mit dem Mund, auch wenn er gerade nicht aß. Brian sah auf, legte die Gabel beiseite und sah mich durchdringend an. »Na ja«, meinte er dann ohne Umschweife, »das ist wirklich ein K.-o.-Kriterium.«

Wir alle haben ganz eigene Vorlieben und Maßstäbe, und was für den einen akzeptabel ist, ist für den anderen ein K.-o.-Kriterium. In jeder Beziehung darf man eine gewisse Kompromissbereitschaft vom anderen erwarten, und ich will jetzt bestimmt nicht behaupten, dass Sie und Ihr Seelenpartner ohne die grundsätzliche Bereitschaft, sich anzupassen, ein Leben lang glücklich sein werden. Kompromissbereitschaft und Flexibilität im Hinblick auf die Bedürfnisse eines anderen Menschen gehören zum Wachstum eines

Paares oder eines Individuums. Wenn Sie aber das Gefühl haben, das Zusammenleben mit einer Person verlange, dass Sie einen oder mehrere Ihrer Grundwerte infrage stellen, dann ist diese Person meiner Meinung nach nicht die richtige für Sie. Wenn Sie auf jeden Fall Kinder haben wollen und jemanden kennenlernen, der keine Kinder haben möchte, ist das ein klares K.-o.-Kriterium.

Mit einer Seelenpartner-Wunschliste können Sie abklären, welche Werte Ihnen besonders wichtig sind, und je eindeutiger Ihre Vorstellungen sind, bevor Sie Ihrem Seelenpartner begegnen, desto leichter wird es sein, den oder die Richtige zu erkennen.

Gott steckt im Detail

Sobald Sie genau wissen, mit welchen Eigenschaften Ihres künftigen Partners Sie sich abfinden können und mit welchen nicht, fangen Sie mit Ihrer Wunschliste an. Überlegen Sie zunächst, welche Lebensbereiche Sie mit einem Partner teilen möchten, was Sie gemeinsam tun möchten und wie Sie sich in seiner Gegenwart fühlen möchten.

Die Antworten auf die folgenden gezielten Fragen liefern Ihnen wichtige Informationen und helfen Ihnen, die Seelenpartner-Wunschliste zu erstellen und auszuarbeiten:

- ๑ Wie möchte ich mich gern fühlen, wenn ich morgens neben meinem Seelenpartner aufwache?

- ๑ Wie sieht unser Lebensstil aus? Sind wir beide Workaholics oder Stubenhocker oder eine Mischung aus beidem?

- ๑ Wie verbringen wir unsere Wochenenden? Mit Wandern in der näheren Umgebung, mit Kinobesuchen oder kulturellen Anlässen, oder machen wir es uns zu Hause gemütlich?

- ๑ Haben oder wollen wir Kinder – und: Bin ich bereit, die Kinder meines Partners beziehungsweise meiner Partnerin in meinem Leben zu akzeptieren?

Wenn Sie dem Universum mitteilen, nach welchen Eigenschaften Sie bei einem Seelenpartner suchen, ist das so, als tippten Sie im Internet einen Begriff in die Suchmaschine ein. Je konkreter Sie sind, desto größer sind die Chancen, dass Ihre Suche Ihnen genau das Gesuchte liefert. Sie geben beim Universum eine ganz spezifische Bestellung auf. Ihre Seelenpartner-Wunschliste sollte deshalb zwei wichtige Punkte enthalten:

1. Mein Seelenpartner ist Single, heterosexuell/homosexuell (ja, so konkret müssen Sie sein!) und frei für eine stabile, liebevolle Langzeitbeziehung (oder Ehe, wenn Sie das wollen).

2. Mein Seelenpartner lebt im Umkreis von […] Kilometern von mir oder ist bereit, an meinen Wohnort zu ziehen. Wenn Sie die Absicht haben, in die Nähe Ihres Seelenpartners zu ziehen, aber in einem bestimmten Bundesland oder Land leben möchten, notieren Sie auch das.

Ich kenne Menschen, die eine derartige Liste erstellten und ihrem Wunschpartner tatsächlich begegneten, um dann festzustellen, dass die Person, die sie manifestiert hatten, eine andere sexuelle Ausrichtung hatte und/oder auf der anderen Seite der Erdkugel lebte. Eine Freundin von mir – nennen wir sie Lori – war sich sicher, der Liebe ihres Lebens begegnet zu sein. Der betreffende Mann erfüllte die Kriterien auf ihrer Liste in jeder Hinsicht – aber er war homosexuell. Sie war so verliebt in ihn, dass sie überzeugt war, sie könnte ihn »ändern«. Natürlich gelang ihr das nicht, und es dauerte lange, bis sie loslassen konnte. Bei einer anderen Frau kam die Verbindung mit ihrem idealen Partner deshalb nicht zustande, weil er glücklich in Dayton, Oregon, lebte und sie in Sydney in Australien. Sie sehen also, wie wichtig es ist, dass Sie bei der Erstellung Ihrer Seelenpartner-Wunschliste so konkret wie möglich sind.

Andererseits sollten Sie es auch nicht übertreiben. Eine Bekannte hatte dermaßen genaue Vorstellungen von dem Mann, den sie heiraten wollte, dass sie sich mit niemandem treffen wollte, der einen Taillenumfang von mehr als 82 cm hatte! Sie war von diesem Detail besessen und blockierte alles und jeden, der dieser Vorstellung nicht entsprach. Sie fand dann auch jemanden, der dieses spezifische Kriterium erfüllte: einen Nägel kauenden Geizhals! Präzisieren Sie lieber die inneren Werte eines Partners, anstatt sich an körperlichen Merkmalen festzubeißen. Es sei denn, dieses körperliche Merkmal dient Ihnen nur als Vorstellung, damit Sie Ihren Seelenpartner auch erkennen, wenn Sie ihm begegnen.

Meine erste Liste war ziemlich lang und enthielt ungefähr fünfzig Punkte. Eines, was mir spontan in den Sinn kam, als ich den Stift ansetzte, war, dass mein Seelenpartner graue Haare haben sollte. Ich verstand nicht warum – die Haarfarbe war für mich bislang ohne Bedeutung gewesen –, aber ich hatte einfach diese Vorstellung. Und prompt war es dann auch so: Brian hatte nicht nur graue Haare (seine Haare wurden schon mit Anfang dreißig grau), sondern auch alle anderen Eigenschaften auf meiner Liste, mit zwei Ausnahmen: Er war kein Jude und er kochte nicht. Wie sich herausstellen sollte, waren diese beiden Punkte überhaupt kein K.-o.-Kriterium, da ich keine praktizierende Jüdin bin und schon immer selbst gern gekocht habe.

Die Erwartungen loslassen

Die Rolling Stones trafen den Nagel auf den Kopf, als sie vor Jahrzehnten sangen: »You can't always get what you want!« Manchmal müssen wir uns verabschieden von Dingen, die wir vermeintlich haben wollen, damit neuer Raum entsteht und das Universum uns das liefern kann, was wir brauchen. Es ist ein schmaler Grat zwischen dem, was wir uns wünschen (Liebe, Glück, Erfüllung), und unserem Festhalten daran (»Ich muss ihn unbedingt vor dem Valentinstag kennenlernen, und er muss mindestens eins achtzig groß sein und braune Augen haben.«).

Die folgende Geschichte ist ein schönes Beispiel dafür, was passieren kann, wenn wir unsere Erwartungen loslassen und nicht mehr der »Generalmanager des Universums« sein wollen.

Kathis Geschichte:
Das schwarze Loch meiner Erwartungen

Drei Jahre nach dem Ende meiner ersten Ehe war ich immer noch allein und hatte meinen Idealpartner noch nicht gefunden. Ich hatte diverse Verabredungen, traf mich ab und zu mit Männern zum Mittag- oder Abendessen, aber keiner von ihnen entsprach meinen Vorstellungen.

Meine innere Sehnsucht war so groß, dass ich mich ausgehöhlt und isoliert fühlte. Ich war Mitte dreißig, und die Uhr tickte. Ich wollte Kinder haben.

Ich versuchte alles Mögliche, um die Dinge zu beschleunigen. Ein Medium sagte mir voraus, der Name meines künftigen Partners werde mit B anfangen. Jahrelang schaute ich mir alle Bills und Bobs genauer an, aber *er* war nicht dabei. Ich schrieb eine Liste mit den zehn wichtigsten Eigenschaften meines Wunschpartners – ich erinnere mich, dass »Spiel- und Lebensgefährte« an erster Stelle stand – und hängte sie am Kühlschrank auf, wo sie langsam vergilbte, Risse bekam und dann irgendwann herunterfiel und verloren ging. Eine Zeit lang machte ich einen großen Bogen um Männer, praktizierte Yoga und nahm an spirituellen Retreats teil.

Und dann geschah zweierlei: Zum einen hatte ich mich inzwischen daran gewöhnt, Zeit mit mir allein zu verbringen, und es machte mir immer mehr Freude. Außerdem ging ich auf eine Hochzeit.

Eine junge Frau, die bei demselben Fernsehsender arbeitete wie ich, lud mich nach der Trauung spontan zu ihrer Hochzeitsfeier und zu Gruppenflitterwochen in Mexiko ein. Das frisch vermählte Paar hatte ein Flugzeug gechartert, und ein Platz war frei geworden. So sollte ich also nicht nur an einer rauschenden Party teilnehmen dürfen, sondern obendrein in den Genuss eines herrlichen Kurzurlaubs in Puerta Vallarta kommen, dem wunderschönen Badeort, wo Elizabeth Taylor und Richard Burton bei den Dreharbeiten zu *Die Nacht des Leguan* miteinander geflirtet hatten. Begeistert sagte ich zu.

Es war eine Katastrophe. Ich konnte auf der Party mit den jungen Zwanzigjährigen nicht mithalten, die bis spät in die Nacht tanzten, die rauchten, sich volllaufen ließen und über Insiderwitze lachten, die ich nicht kapierte. Schon früh zog ich mich zurück und verbrachte die folgenden Tage und Abende allein, fühlte mich alt und bemitleidete mich selbst.

Das Gefühl, isoliert zu sein, erreichte seinen Höhepunkt am letzten Abend, als ich allein an dem langen Strand entlangging, der im Licht der untergehenden Sonne leuchtete. Es war ein Anblick von überwältigender Schönheit, und ich setzte mich auf eine Mauer, um das Schauspiel zu betrachten. Inmitten all dieser Liebespärchen und Flitterwöchner fühlte ich mich hundeelend, einsam und von aller Welt verlassen. Wie ich so dasaß, stellte ich mir wieder einmal meinen geheimnisvollen Mister B. vor, sah ihn in Gedanken neben mir sitzen und tröstete mich ein paar Augenblicke mit dieser beglückenden Vorstellung.

Als ich mich zur Seite drehte, um meinen Fantasiepartner anzuschauen, fühlte ich mich plötzlich gar nicht mehr wohl. Die Gestalt eines Mannes, den ich mir weiß gekleidet neben mir vorgestellt hatte, wurde zu einem schwarzen Loch.

In diesem Moment fiel es mir wie Schuppen von den Augen, dass niemand jemals dem Idealbild entsprechen würde, das ich gezeichnet hatte. Rings um das schwarze Loch war ich von den Farben des Sonnenuntergangs umgeben, und es wurde mir etwas bewusst: Wenn es mir nicht gelang, hier an diesem wunderschönen Ort zu sitzen und mit mir allein glücklich zu sein, dann konnte auch niemand anderer mich glücklich machen. Und wenn Mister B. mich nicht glücklich machen konnte, würde ich ihm sein Versagen zum Vorwurf machen und mich wieder entlieben, wie schon zuvor.

Meine Sonnenuntergangs-Offenbarung veränderte mein Leben insofern, als ich meine Erwartungen änderte: Ich gab sie auf. Ich kehrte nach Hause zurück und lernte kurz darauf als Mitwirkende in einem Theaterstück einen Mann namens Byron kennen. Wir kannten uns bereits seit 1985, dem Jahr meiner Scheidung. Er hatte mich damals gemocht und mir geschrieben, ob wir nicht einmal ausgehen könnten, aber ich hatte seinen Brief ignoriert. Ich hatte ihn gar nicht richtig wahrgenommen, weil er nicht meinen Fantasievorstellungen vom perfekten Mann entsprach.

Ohne Erwartungen an das Wesen und Aussehen meines Idealpartners konnte ich genießen, was für ein Schatz Byron war. Nachdem wir uns acht Jahre Zeit gelassen hatten, um uns kennenzulernen, heirateten wir im Jahr 1996. Auf diesem Ehe-Schlachtfeld hat es großartige Siege und einige Niederlagen für beide von uns gegeben.

Neulich fand ich den vergilbten Zettel wieder: die Top-Ten-Liste für meinen Idealpartner. Ich war verblüfft, wie gut Byron darin beschrieben war. Nicht nur lernte ich ihn beim Theaterspielen kennen, sondern er ist auch heute noch mein bester »Spiel- und Lebensgefährte«.

Was steht auf der Liste?

Zum Einstieg sind alphabetisch eine Reihe von Eigenschaften und Charakterzügen aufgeführt, die als Anregung für Ihre eigene Liste dienen sollen. Schreiben Sie aber nur solche Charakteristika und Merkmale auf Ihre persönliche Liste, die Ihnen wirklich wichtig sind. Überlegen Sie, welche Eigenschaften Ihnen an Menschen, die Sie einmal geliebt haben (oder mit denen Sie noch befreundet sind), besonders gut gefielen – das könnte ein Hinweis darauf sein, für welchen Menschen Sie jetzt bereit sind. Lassen Sie sich so viel Zeit wie nötig für Ihre Liste. Sie kann so lang oder so kurz sein, wie Sie wollen.

- begabt
- charismatisch
- drückt sich verständlich aus
- ehrgeizig
- emotional zugänglich
- erfolgreich
- Familienmensch
- flexibel
- freigebig
- fürsorglich
- gesund
- glücklich
- großzügig (Sie können hinzufügen: mit Geld, Zeit, Zuneigung usw.)
- gut aussehend
- gute Beziehungen (zu Familie, Kindern, Expartnern usw.)
- herzlich
- klug
- kreativ

- liebenswert
- liebevoll
- liebt .... (zum Beispiel Kochen, Golfspielen, Bungeejumping oder wofür Sie selbst sich begeistern)
- lustig
- mag gern .... (tragen Sie hier all das ein, was Sie selbst besonders gern mögen: zum Beispiel Haustiere, Reisen, Singen usw.)
- sexy
- sinnlich
- sorgsam
- spirituell aufgeschlossen (oder eine bestimmte religiöse Ausrichtung)
- taktvoll
- temperamentvoll

- unabhängig
- unterstützend (fördert Ihre Karriere, Hobbys, Träume usw.)
- verspielt
- zärtlich

Die nachfolgende Liste hat eine meiner Freundinnen kürzlich erstellt:

Eigenschaften, die mein Seelenpartner haben sollte (Reihenfolge beliebig)

- intelligent
- ehrlich
- bewusst
- liebevoll
- emotional stabil
- körperlich gesund
- sehr nett
- charmant
- lustig (ganz wichtig!)
- selbstsicher
- attraktiv
- die Chemie muss stimmen
- Sinn für Humor
- kommunikationsfreudig
- großzügig
- unkompliziert
- erfolgreich
- passt zu mir
- dankbar

Anschließend formulierten wir ihre endgültige Liste so um, dass sie sie sich wie eine Affirmation jeden Tag vorsagen konnte:

Ich, Leslie Ann Leeds (Name geändert), danke Gott/Göttin und Allem Was Ist für meinen geliebten Seelenpartner. Ich bin dankbar dafür, dass er Single und für eine stabile, liebevolle Langzeitbeziehung offen ist. Er lebt im Umkreis von 70 Kilometern von San Diego, Kalifornien, oder ist bereit, hierherzuziehen. Er ist ein intelligenter, ehrlicher, bewusster, liebevoller Mann, emotional stabil und körperlich gesund. Er ist sehr nett, charmant, lustig, selbstsicher und attraktiv, und die Chemie zwischen uns stimmt einfach. Er hat Sinn für Humor und ist kommunikationsfreudig. Er ist großzügig, unkompliziert und erfolgreich, er passt einfach zu mir und zeigt sich jeden Tag dankbar. Während ich das Warten auf seine bevorstehende Ankunft genieße, freue ich mich in aller Ruhe und entspannt darauf, dass wir bald zusammen sein werden.

Und so sei es.

Wenn Sie das Universum wären, könnten Sie sich da wohl weigern, eine so wunderschöne Bestellung zu erfüllen? Sobald Ihre Liste fertig ist, sollten Sie sie einem guten Freund oder einer Freundin Ihres Vertrauens zu lesen geben, um sicherzugehen, dass Sie nichts Wichtiges vergessen haben. Da Leslie weder heiraten noch Kinder haben will, fehlen diese Punkte auf ihrer Liste. Wenn Sie den Wunsch nach Ehe und/oder Kindern haben, müssen Sie konkret darum bitten. Denken Sie immer daran: Wenn Sie Ihre Wünsche eindeutig und gefühlvoll formulieren, verstärken Sie die magnetische Anziehungskraft zwischen sich und Ihrem Seelengefährten um mindestens das Hundertfache. Schon das schriftliche Festhalten der Eigenschaften, die Sie sich bei Ihrem Seelenpartner am meisten wünschen, macht Ihnen möglicherweise bewusst, dass diese Person näher ist, als Sie denken. So war es bei John Assaraf, einem Unternehmer und Bestsellerautor.

Johns Geschichte:
Beim dritten Mal war es Zauberei

Seit ich zurückdenken kann, träumte ich von einer liebevollen, fürsorglichen, ehrlichen und erfüllten Beziehung. In meiner Jugend und mit Anfang zwanzig hatte ich den Begriff »Seelenpartner« zwar schon einmal gehört, aber es fehlten mir jegliche Rollenvorbilder, die diese Art von Liebe verkörperten. Die Eltern meiner Freunde schienen allesamt nicht wirklich eine echte Verbindung zueinander zu haben, und selbst meine Eltern kamen mir eher wie Wohngenossen denn als Seelengefährten vor. Wie viele ihrer Generation hatten sie sehr jung geheiratet, denn wenn man damals fest mit jemandem ging, war der nächste folgerichtige Schritt die Heirat. Ich bekam als Kind zwar viel Liebe, doch was ich von meinen Eltern über Ehe und Beziehungen lernte, musste ich später in meinen eigenen Beziehungen sehr teuer bezahlen – sowohl in emotionaler als auch in finanzieller Hinsicht.

In erster Ehe war ich mit einer wirklich tollen Frau verheiratet. Wir verstanden uns wunderbar, heirateten aber wie meine Eltern aus den bekannten falschen Gründen. Nachdem wir uns ein Jahr kannten, zog ich weg von Toronto, wo wir beide lebten, um in Indiana meine erste Firma aufzubauen. Zwei Jahre lang flog meine Freundin zwischen Kanada und den USA hin und her, bis sie mir an einem Wochenende ein Ultimatum stellte: Entweder wir heirateten, oder die Beziehung war zu Ende. Da auch ich der Überzeugung war, Heiraten sei das Richtige, ging ich auf ihre Forderung ein. Doch kaum war sie nach Indiana gezogen und wir wohnten zusammen, änderte sich alles. Bislang war unsere Beziehung recht oberflächlich gewesen, und wir hatten nie all diese wichtigen Diskussionen über den Sinn des Lebens, über allgemeine und individuelle

Ziele und persönliche Träume geführt. Wir ließen uns auf die Ehe ein, als würden wir eine Rolle in einem Film spielen. Während ich meine Firma aufbaute und achtzig Stunden in der Woche arbeitete, langweilte sie sich zu Tode. Da sie obendrein kanadische Staatsbürgerin war, konnte sie in den USA nicht arbeiten. Nachdem wir zwei Jahre lang verzweifelt versucht hatten, die Sache zum Funktionieren zu bringen, und so taten, als sei alles in Ordnung, beschloss ich, es sei das Beste, wenn wir getrennte Wege gingen. Rückblickend waren wir wohl zu jung für eine Ehe gewesen, und wahrscheinlich verband uns eher Lust als Liebe. Die Vorstellung zu heiraten war für uns beide verlockend, und ich glaube, wir verliebten uns in die Vorstellung, verliebt zu sein.

Schon bald nach meiner Scheidung lernte ich eine heißblütige Zweiundzwanzigjährige kennen (ich war damals dreißig), mit der ich eine Menge Spaß hatte. Ich hatte nicht die Absicht, wieder zu heiraten – bis sie schwanger wurde, und keiner von uns wollte ein uneheliches Kind haben. Irgendwie legte ich mir es so zurecht, dass wir ja unser Vergnügen gehabt hatten und demzufolge auch in der Lage sein würden, ein Kind aufzuziehen und unsere Beziehung auf die Reihe zu kriegen. Es gelang uns nicht. Fast unmittelbar nach unserer Heirat und nach der Geburt unseres ersten Kindes stellten wir fest, wie verschieden wir waren. Wir bekamen dann noch ein zweites Kind, bevor wir einstimmig zu dem Schluss kamen, dass wir nicht verheiratet zu sein brauchten, um für unsere Kinder zu sorgen und liebevolle Eltern zu sein. Zum zweiten Mal erlebte ich nun eine Scheidung und hatte das Gefühl, ein totaler Beziehungsversager zu sein.

Während ich in fast allen Lebensbereichen erfolgreich war und, wie ich meinte, immer die »richtigen« Entscheidungen traf, erwies sich die Suche nach einer Seelenpartnerin als ebenso schwierig wie die Suche nach dem Heiligen Gral. Damals war mir nicht bewusst, dass ich in der Liebe die falsche Strategie anwandte. Im Beruf und in anderen Lebensbereichen setzte ich mir immer ganz klare, konkrete, möglichst detaillierte Ziele, doch bei Beziehungen gab ich mich mit dem zufrieden, was ich vorfand.

Ich beschloss, so lange Single zu bleiben, bis der Schmerz über die beiden Scheidungen verheilt war und ich begriffen hatte, was ich zum Scheitern meiner Ehen beigetragen hatte. Nach vielem Nachdenken kam ich zu der Erkenntnis, dass ich in puncto Liebe sehr unerfahren und dickköpfig war und meinte, alles zu wissen. In Wahrheit wusste ich jedoch nicht, was einen wirklich guten Partner ausmacht, und hatte keine Ahnung, was ich mir von einer Seelenpartnerin wirklich wünschte. Zum ersten Mal wurde mir klar, wie begrenzt und oberflächlich mein Wissen über Liebe und Beziehungen war. Außerdem erkannte ich, dass ich meinem Vater nacheiferte.

Diese neue Erkenntnis ließ mich zwei wichtige Entscheidungen treffen: Erstens nahm ich mir vor, genauso viel wie in meine Firmen in mein Lernziel zu investieren, ein wirklich guter Partner zu werden; und zweitens wollte ich das Gesetz der Anziehung anwenden, um meine ideale Partnerin zu finden.

Irgendwann – ich war gerade dabei, mir meine Lebensziele noch einmal vor Augen zu führen – verfasste ich eine ziemlich genaue Beschreibung meiner Seelenpartnerin, wie ich sie mir vorstellte. Ich führte jedes Detail auf, angefangen bei ihrer Persönlichkeit, ihrem Lächeln, ihrem Verhalten, ihren Vorlieben, Abneigungen, Leidenschaften, Sexualität, Familie, religiöse Orientierung, Reisewünsche und alles, was mir in den Sinn kam und was die Frau an meiner Seite idealerweise verkörpern sollte. Nachdem ich meine Liste bis ins Kleinste ausgearbeitet und abgeschlossen hatte, legte ich sie in meinem Ziel-Leitfaden ab und dachte nicht mehr darüber nach. Schon früher hatte ich dem Universum vertraut, und ich sah nun nicht ein, weshalb ich in diesem Punkt Zweifel hegen sollte. Mit anderen Worten: Ich hatte vollkommenes Vertrauen, dass ich meine Seelengefährtin finden würde, ohne dafür große Mühe aufwenden oder mir ein Zeitlimit setzen zu müssen.

Eines Sonntagmorgens saß ich auf einem Trimmrad im Fitnessstudio und unterhielt mich mit einem guten Freund, als zwei tolle Frauen hereinkamen. Schnell machte ich meinen Freund auf sie aufmerksam, und wir scherzten darüber, dass wir niemals zum selben Zeitpunkt Singles waren. Mein Freund verzog sich daraufhin diskret zu seinem Work-out, und ich stellte mich beiläufig der netten Frau vor, die sofort meinen Blick auf sich gezogen hatte. Wir unterhielten uns kurz miteinander, und ich fragte sie, wo man in San Diego gut essen und ausgehen könne, da ich gerade erst von Los Angeles hierhergezogen war. Ich erfuhr, dass sie an den Wochenenden meistens mit Bekannten an einen bestimmten Strand fuhr. Am darauffolgenden Wochenende fuhr ich mit meinen beiden Söhnen zu dem von ihr beschriebenen Ort, und ob Sie's glauben oder nicht: Eine Stunde später war sie auch da. Dies war der Beginn einer wunderschönen Beziehung für die nächsten sechs Jahre. Ich war allerdings noch nicht so weit, eine weitere Ehe einzugehen, und sagte ihr dies von Anfang an ganz deutlich.

Als ich wieder einmal meinen Zielleitfaden durchblätterte, fand ich die vor Jahren verfasste Liste mit den Wunscheigenschaften meiner Seelenpartnerin wieder. Da fiel es mir wie Schuppen von den Augen, dass ich ihr bereits begegnet war und es nicht einmal gemerkt hatte. Die Frau, mit der ich gerade zusammen war, entsprach exakt den Vorstellungen, die ich damals aufgelistet hatte. Ich brauche wohl nicht zu erwähnen, dass ich um ihre Hand anhielt und sie zum Glück Ja sagte.

Nach unserer Hochzeit zeigte ich Maria die Seelen-partner-Wunschliste, und sie konnte es kaum glauben, wie detailliert und akkurat ich sie darin beschrieben hatte. Seither blüht und gedeiht unsere Beziehung, und wir glauben beide fest an das Gesetz der Anzie-hung.

Die Seelenpartner-Wunschliste fertigstellen

Wenn Sie sich nach gründlichem Nachdenken darüber im Klaren sind, welche Eigenschaften für Sie bei Ihrem Seelenpartner unerlässlich sind, legen Sie die Liste handschriftlich auf schönem Briefpapier an. Stellen Sie sich bei jedem Wort vor, Sie lebten schon jetzt mit diesem Menschen zusammen, und bedanken Sie sich für seine Präsenz. Spüren Sie die Freude, das Glück, die Liebe und den Frieden, die sich mit dem Wissen einstellen, dass Sie bald mit Ihrem Seelenpartner ver-eint sind.

Falls Sie es ziemlich formell und zu trocken finden, eine Liste mit den Eigenschaften Ihres Seelenpartners niederzuschreiben, können Sie auch kreativ werden und Ihre Herzenswünsche farbig skizzieren oder als Gemälde gestalten, so wie es zum Beispiel Gayle ge-macht hat (siehe Seite 142).

Die Liste abschicken

Sobald die Liste steht, wird sie im Rahmen einer Zeremonie abgeschickt. Durch das symbolische Versenden verabschieden Sie sich von dem Zwang, genau wissen zu müssen, wie, wo und wann Ihr Seelengefährte zu Ihnen kommt, und überlassen die Details dem Universum. Deepak Chopra schreibt in seinem Buch *Die sieben geistigen Gesetze des Erfolgs:* »Wenn Sie irgendetwas im materiellen Universum erreichen wollen, müssen Sie sich davon lösen. Das heißt nicht, dass Sie die Absicht aufgeben, Ihren Wunsch wahr werden zu lassen, es bedeutet lediglich, dass Sie sich vom Ergebnis lösen.«

Machen Sie dieses Ritual an einem besonderen Tag, beispielsweise bei Vollmond, Neumond, an einem Freitag (dem Tag der Liebesgöttin Venus) oder an einem anderen Tag, der für Sie eine spezielle Bedeutung hat. Wählen Sie dafür eine Tageszeit, die Ihnen stimmig erscheint. (Ich habe meine Liste an einem Freitagmittag abgeschickt.) Suchen Sie dann einen Ort für die Zeremonie aus – etwa Ihr nach Feng-Shui-Kriterien eingerichtetes Schlafzimmer (siehe Seite 92), Ihren Beziehungsaltar (siehe Seite 99) oder einen ruhigen Fleck in der Natur oder im Hof hinter dem Haus.

Lesen Sie zuerst die Liste laut vor und lassen Sie sich von dem Gefühl durchströmen, das von jedem Wort, jedem Charakterzug, jeder Eigenschaft und jedem Wunsch ausgeht. Im Vertrauen darauf, dass Ihre Wünsche erhört und gewährt werden, legen Sie die Liste anschließend in einen feuerfesten Behälter und verbrennen sie. Während sie langsam zu Asche zerfällt, geben Sie sich der Gewissheit hin, dass Sie Ihre geheimsten Absichten unsichtbaren Kräften übergeben haben, die Ihnen Ihren Seelenpartner irgendwann zur richtigen Zeit am richtigen Ort zuführen werden. Nehmen Sie die Asche und verstreuen Sie sie im Wasser (im Meer, in einem Fluss, einem See usw.) oder graben Sie sie in einem Garten ein.

Setzen Sie sich ein paar Minuten still mit geschlossenen Augen hin, spüren Sie, wie sich Ihr Herz öffnet und weiter wird, und seien Sie gewiss, dass Ihre Gebete den Kräften des Universums anvertraut wurden. Schicken Sie aus der Stille Ihres Herzens eine Botschaft an Ihren Liebsten oder Ihre Liebste, dass Sie sich freuen, ihn oder sie bald zu sehen.

Statt die Liste zu verbrennen, können Sie sie laut vorlesen, klein zusammenfalten und an einen roten oder rosafarbenen Heliumballon hängen. Lassen Sie diesen Ballon an einer schönen Stelle im Freien steigen. Während Sie ihm nachblicken, seien Sie gewiss, dass Ihre Gebete bald erhört werden. Sie können es aber auch so machen wie meine Freundin Danielle und Ihre Liste in einen versiegelten Umschlag stecken und unter die Matratze legen. Auf diese Weise nehmen

Sie symbolisch den Tag vorweg, an dem Sie das Bett mit Ihrem Liebsten oder Ihrer Liebsten teilen werden.

Wenn Sie möchten, dann schreiben Sie Ihre Liste als Affirmation neu (so wie auf Seite 132) und legen sie auf Ihren Beziehungsaltar.

Das Ergebnis feiern

Nach diesem symbolischen Akt dürfen Sie feiern: Genießen Sie einfach ein Glas Champagner in einer schicken Bar, während Sie Liebe an alle verströmen, die Sie sehen. Oder kochen Sie sich etwas Leckeres, decken Sie den Tisch für zwei, zünden Sie Kerzen an, legen Sie romantische Musik auf und schwelgen Sie in dem Wissen, dass das Rad des Schicksals sich für Sie und Ihren Liebsten/Ihre Liebste in Bewegung gesetzt hat. Feiern Sie ein kleines Fest ganz für sich allein und nach Ihren eigenen Vorstellungen.

Gayles Geschichte:
Ein farbenfrohes Liebesmandala

Dezember 1984. Ich war siebenundzwanzig und hatte eine kreative, anregende Tätigkeit im Bereich Film, Video und Computeranimation. Ich besaß ein großes, zweistöckiges Apartment mit Wendeltreppe und frei liegenden Ziegelmauern in einem Vergnügungsviertel von Chicago in der Nähe des Michigansees. In meiner Freizeit spielte ich in einer Gruppe Improvisationstheater und hatte viele lebenslustige Freunde. Alles in allem ein herrliches Leben. Aber ich war so allein. Ich sehnte mich nach einem Partner, einem Mann, der mein Leben mit mir teilte. Es schien, als hätte ich auch die allerletzte Möglichkeit ausgeschöpft. Ich hatte mich zu einem Blind Date mit dem älteren Bruder meiner Freundin getroffen, ein Arbeitskollege hatte ebenfalls ein Date für mich arrangiert; und ich ging sogar mit einem Nachbarn aus, aber leider funkte es in keinem Fall. Also fand ich mich mit meinem Single-Leben ab: Ich wollte dankbar sein für alles, was das Leben mir schenkte, und mich über das freuen, was ich hatte, auch wenn der Mann meiner Träume nicht dazugehörte.

Als Weihnachten seine Schatten vorauswarf, hatte ich zwar nichts geplant, stand aber nicht ohne Freunde da. Ich verbrachte die freien Tage, indem ich mit Bekannten vom Theater und Arbeitskollegen zum Abendessen ging, oder blieb abends zu Hause, las spirituelle Bücher oder machte Yoga. Als ich einmal spätabends in meinem Astro-Horoskop blätterte, erinnerte ich mich wieder, was meine Astrologin in Bezug auf die Suche nach meinem Lebenspartner gesagt hatte. Sie riet mir damals, ein Mandala auszusuchen (eine meist kreisförmige Skizze mit geometrischen, konzentrischen Linien) und jede Fläche mit Buntstiften oder Markern auszumalen und dabei die Eigenschaften, die mein künftiger Ehemann haben sollte, laut auszusprechen oder darüber zu meditieren.

So lag ich also im Schlafzimmer auf dem Boden, inmitten zahlreicher bunter Stifte und eingehüllt in den Duft eines Sandelholzräucherstäbchens, und brachte meine Absicht zum Ausdruck: Ich wollte den idealen spirituellen Freund und Geliebten, der mit mir durchs Leben ging. Der Reihe nach nahm ich die Buntstifte in die Hand und begann, die winzigen Felder auszumalen. Dabei dachte ich intensiv an jede einzelne Eigenschaft, die ich mir bei meinem künftigen Partner wünschte. »Ich möchte gern einen Mann, der Tiere mag«, dachte ich, während ich eine Fläche violett ausmalte. »Ich hätte gern einen Mann, der meinen Humor schätzt« – hier verwendete ich Blau. Für jede Eigenschaft füllte ich eine Fläche farbig aus. Ein schillernder Grünton für »Ich möchte einen Mann, der nett zu Kellnern oder Kellnerinnen ist«. Rubinrot für »einen Mann, der meine spirituelle Suche akzeptiert und offen dafür ist«. Und so ging es weiter, für jede Eigenschaft nahm ich eine neue Farbe. »Einen Mann, der Dinge an mir mag, die ich auch mag und die andere Leute komisch finden.« (Nein, diese Eigenschaften verrate ich Ihnen nicht.) Und schließlich »einen Mann, mit dem ich meine Träume teilen kann«.

Meine Astrologin hatte gesagt, ich solle ganz konkret werden. Das Mandala wurde zu einem farbenfrohen Zeugnis für die Qualitäten, die ich mir bei meinem künftigen Partner wünschte. Etwas verlegen war ich ja schon, als ich mir wünschte, mein Mann solle einen knackigen Hintern haben. Sehr spirituell war mir nicht zumute, als ich mich auf genau diesen Wunsch konzentrierte. (Na ja, schließlich war ich erst siebenundzwanzig und immer noch ein bisschen auf Äußerlichkeiten bedacht.) Das fertige Mandala sah aus, als schaute ich durch ein Kaleidoskop; schillernde, wirbelnde Farben bildeten ein facettenreiches, edelsteinähnliches Muster. Ich hatte meine Bitte auf diese Weise ins Universum hinausgeschickt, und jetzt lag die Sache nicht mehr in meiner Hand.

Weihnachten war vorbei, und Silvester stand mir bevor. Ich hätte die Möglichkeit gehabt, mit einem sehr charmanten Mann auszugehen, der mehr als nur Freundschaft wollte, und war von einem Mann eingeladen worden, der nur ein guter Freund sein wollte. Keines der beiden Angebote schien mir besonders verlockend. Deshalb beschloss ich, Silvester mit guten Freunden zu feiern. Sie hatten sich um 23 Uhr in einem Nachtclub verabredet, und ich war dankbar, mit ihnen feiern zu können, statt mich nur wegen Silvester mit irgendeinem Mann zu treffen.

In der Nacht des 31. Dezember 1984 schneite es sehr heftig. Für das neue Jahr hatte ich unzählige gute Vorsätze gefasst und beschloss, schnell noch einen Work-out in meinem Fitnessstudio zu machen. Ich hatte Frieden mit meinem Leben geschlossen: Ich war Single, hatte tolle Freunde, ein abwechslungsreiches Leben und eine gut bezahlte Arbeit. Es machte mir nichts aus, falls ich dem Mann meiner Träume niemals begegnen würde. Ich war zufrieden mit dem, was ich mir geschaffen hatte.

Mit meinem kleinen Nissan Sentra fuhr ich also zum East Bank Club in Chicago. Als ich auf der winterlichen Straße hin und her schlingerte, fühlte ich mich wie eine Kugel im Flipperautomaten und war froh, dass ich nicht eines der verschneiten Autos am Straßenrand rammte. Kein Wunder, dass in der Nähe des normalerweise sehr rege besuchten Fitnessstudios jede Menge Parkplätze frei waren. Selbst die Frau am Empfang schien überrascht zu sein, dass ein Mitglied an solch einem verschneiten Silvesterabend zum Trainieren kam.

Drinnen setzte ich mich zum Aufwärmen auf ein Spinning-Bike. Ich trat mechanisch in die Pedale, den Blick starr geradeaus gerichtet, ohne ein Ziel, das ich schnell hätte erreichen müssen. Im Studio, das normalerweise brechend voll war, herrschte gähnende Leere. Das war mir gerade recht. Ich hatte mich nicht geschminkt, und mein normalerweise gut sitzender Bob war zerzaust. Plötzlich tauchte aus dem Nichts ein attraktiver, dunkelhaariger Mann auf, setzte sich auf das Rad neben mir und begann in die Pedale zu treten. »Wie lange fährst du?«, fragte er. Ich hatte keine Lust

zu reden und gab kurz angebunden »Dreißig Minuten«
zurück. Ich hatte wirklich kein Interesse an einer Unter-
haltung und hoffte innigst, er würde mich in meiner
wenig attraktiven Aufmachung links liegen lassen.

»Ist ja super, ich fahre fünfundvierzig Minuten«,
sagte er und lächelte mich mit seinen großen braunen
Augen an. Während ich pustete und keuchte, erzählte
er mir von seinen Silvesterplänen: Er wollte anschließend mit einem Freund auf eine Party gehen. Ich entgegnete, dass ich ebenfalls mit Freunden verabredet
sei. Dann stellten wir uns einander vor und setzten
unseren Smalltalk zum Geräusch der schwirrenden Räder fort. »So, ich mache noch ein paar Dehnübungen.
War schön, mit dir zu plaudern«, sagte ich und begab
mich in einen Raum mit riesigen Spiegeln. Dort zog ich
eine Matte vom Stapel, machte ein paar Yoga-Dehn-
übungen und war froh, wieder für mich zu sein. »Meine Güte, das ist das letzte Mal, dass ich mir vor dem
Fitnesstraining eine Schlammmaske auflege«, dachte
ich, als ich mein gerötetes Gesicht in einem der Spiegel betrachtete. Schulterstand, Pflug, Fischstellung.
Ein Kopf zwängt sich durch die geöffneten Holztüren.
Der Kopf von »Große braune Augen«. »Sag mal«, fragt
er, »hast du Lust auf einen Orangensaft nach dem Trai-
ning?«

Es ist verblüffend, wie sich eine Runde Spinning,
eine Dusche und ein guter Föhn auf die Stimmung aus-
wirken. Ich konnte mich wieder im Spiegel anschauen.

An der Bar des Fitnessstudios wartete bereits »Große braune Augen« namens Howard auf mich. Wir bestellten Orangensaft on the rocks und unterhielten uns prächtig. Er war sensibel, lustig und ganz süß. Wir hatten kaum Zeit, unseren Orangensaft auszutrinken, weil das Studio schließen wollte. So tauschten wir Visitenkarten und verabredeten uns für den folgenden Mittwoch zum Abendessen.

Ich fuhr in einem der schlimmsten Eisstürme heim, den es je an Silvester in Chicago gegeben hatte. Dicke Schneeflocken wirbelten durch die Luft und legten sich wie eine Decke auf meine Windschutzscheibe. Als ich wohlbehalten zu Hause ankam, zog ich mir schnell mein Outfit für den Silvesterabend an. Ein Taxi schien mir sicherer, als spätnachts meinen winzigen Wagen durch die verschneite Gegend zu manövrieren. Doch bei diesem Wetter war weit und breit kein Taxi zu sehen, und so stapfte ich durch den Schnee zurück zu meiner Wohnung. Der Wind heulte, und Eiskristalle prallten an die Fensterscheiben. Ich machte mir erst einmal eine dampfende Tasse Kräutertee und sah mir einen Marx-Brothers-Film an.

Am Mittwochabend holte Howard mich zu unserer Verabredung ab. Er sah gut aus, lachte über meine Witze und zuckte nicht zusammen, als ich über Meditation redete. Wir gingen in ein sehr angesagtes Tex-Mex-Restaurant und setzten uns neben einen Kiva-Kamin. Wir redeten und redeten und hörten gar nicht mehr auf. Wir aßen hervorragend und lachten über den Eissturm, der an Silvester alles lahmgelegt hatte. Howard war wirklich sehr charmant und ausgesprochen nett zu der Bedienung. Er liebte Tiere, begeisterte sich für Kampfsportarten, hatte eine Katze namens Wolf und kannte sich als Schlagzeuger in allen Musikrichtungen aus. Es war ein fantastischer Abend.

Wir hätten die ganze Nacht weiterreden können. Wir waren Seelenverwandte. Da wir jedoch beide am nächsten Tag arbeiten mussten, setzten wir um 23.30 Uhr einen Schlusspunkt. Howard brachte mich zu meiner Wohnungstür und gab mir zum Abschied einen Kuss. Der Kuss war sensationell. Ich sah Howard nach, als er die Treppen in meinem Wohnhaus hinunterging, und – na, Sie können es sich ja denken: Er hatte einen knackigen Po! Seither sind wir zusammen. Er ist der Mann meiner Träume, und wir sind wirklich Seelengefährten.

Mir gefällt diese Geschichte auch deswegen so, weil sie einige der entscheidenden Prinzipien verdeutlicht, die das Gesetz der Anziehung bestimmen: Als Gayle ihren Seelengefährten manifestierte, war sie entspannt, fröhlich, mit ihrem Leben zufrieden und nicht zwanghaft auf der Suche nach ihrem Seelenpartner, sondern ging das Ganze mit unbeschwerter Vorfreude an. Das ist ein ganz wichtiger Punkt, denn Ihr Seelenpartner soll Sie nicht retten, soll Sie nicht schuldenfrei machen oder Sie von Ihren inneren Dämonen befreien. Er ist ein Freund und Partner, mit dem Sie die intimsten Bereiche Ihres Lebens teilen werden, jemand, der die Kraft und Schönheit einer Seelenverbindung versteht und der Liebe immer einen Platz einräumen wird, auch wenn Sie es gerade nicht können. Als sich meine Freundin Maxine auf das Manifestieren ihres Seelenpartners konzentrierte, bat sie darum, »jemanden so glücklich zu machen, wie ich selbst gern wäre«. Schon zwei Stunden nach diesem Gebet lernte sie den Mann kennen, der sechs Monate später ihr Ehemann wurde. Heute, zwölf Jahre später, sind sie immer noch glücklich verliebt.

Bleiben Sie bei der Suche nach Ihrem Seelenpartner möglichst locker. Sie zweifeln ja auch nicht, dass die Bedienung im Café Ihnen den bestellten Cappuccino bringen wird, und genauso wenig sollten Sie an der Fähigkeit des Universums zweifeln, Ihnen wahre Liebe zu bringen.

KAPITEL 6

Lassen Sie die Vergangenheit los

> Liebe ist der Zustand, in dem das
> Glück eines anderen Menschen für
> dein eigenes Glück wichtig ist.
>
> Robert Heinlein

Wissen Sie noch, wie man Wahnsinn früher definierte? Albert Einsteins Definition von Wahnsinn lautet: »… immer wieder das Gleiche zu tun und andere Ergebnisse zu erwarten.« Wenn Sie versuchen, Ihren Seelenpartner zu manifestieren, ohne dass Sie vorher den emotionalen und psychischen Müll Ihrer Vergangenheit ausgemistet haben, besteht die Gefahr, dieselbe Art Mensch anzuziehen, mit der Sie schon früher gescheitert sind. Wenn Sie immer noch emotionale Altlasten aus früheren Beziehungen mit sich herumschleppen (und ich behaupte einfach mal, dass das die meisten von uns tun), dann fangen Sie jetzt bitte sofort ernsthaft damit an, daran zu arbeiten. Sobald Sie sich von dem Schmerz, dem Groll und den Enttäuschungen lösen, die Sie früher erfahren mussten, können Sie das Fundament für ein gesundes, glückliches und erfülltes Leben mit Ihrem Seelenpartner legen.

Alte Wunden heilen

Lassen Sie mich zuvor eines klarstellen: Zum Menschsein gehört dazu, dass man verletzt wird. Keiner von uns ist dagegen gefeit. Ob wir eine schwere Kindheit hatten, ob wir von einem Liebespartner hintergangen oder abgelehnt wurden oder wegen einer gescheiterten Beziehung eine Enttäuschung erlebten – wir alle haben emotionale Wunden, die geheilt werden müssen. Bevor Sie Ihren Seelenpartner manifestieren, müssen Sie sich ohne Umschweife daranmachen, aktiv mit der Heilung tief sitzender Herzenswunden zu beginnen. Beachten Sie bitte, dass ich »mit der Heilung beginnen« sage. Für viele von uns wird das vielleicht zu einer lebenslangen Reise, und Sie brauchen sich nicht restlos von allen emotionalen Altlasten befreit zu haben, um nach Ihrem Seelenpartner suchen zu können. Ein Seelenpartner hilft Ihnen nämlich bei diesem Heilungsprozess. Doch wenn Sie Ihre Bereitschaft zu einer gesunden, stabilen Partnerschaft wirklich deutlich und klar signalisieren wollen, müssen Sie zuvor die emotionalen Blockaden aus dem Weg räumen, die Sie noch an die Vergangenheit binden und ihren weiteren Lebensweg behindern.

Denken Sie einmal kurz an die Liste mit den Eigenschaften und Merkmalen, die Ihr Geliebter/Ihre Geliebte haben soll, und fragen Sie sich dann, ob Sie selbst so, wie Sie sind, gut zu dem beschriebenen Menschen passen. Wenn Sie meterdicke Mauern um Ihr Herz errichtet haben, halten Sie die Liebe vielleicht unbewusst auf Abstand. Denn ein mit alten Verletzungen, Enttäuschungen und Groll beladenes Herz ist einfach nicht aufnahmebereit für die Liebe. Vielmehr geht von Ihren unbehandelten, nicht verheilten emotionalen Wunden eine zweideutige Botschaft ans Universum aus. Ein Teil von Ihnen sagt laut und deutlich Ja zu einer intimen Beziehung, während Ihr verwundetes Herz unbewusst sagt: »Nein, ich habe Angst, wieder verletzt zu werden.« Ihre Aufgabe ist es jetzt, die Wunden aufzuspüren und den Heilungsprozess einzuleiten, damit Sie Ihre Bereitschaft für die Liebe unmissverständlich signalisieren können. Dieser Prozess beginnt damit, dass Sie vergeben.

Die Macht der Vergebung

Eines Morgens sah ich im Frühstücksfernsehen zufällig den Bericht über eine Mutter, deren Tochter zehn Jahre zuvor ermordet worden war. Die Frau sprach darüber, welche unendliche Wut, Verbitterung und

Hass sie die ganze Zeit auf den Mörder ihrer Tochter (der jetzt eine lebenslange Gefängnisstrafe verbüßte) verspürt hatte. Irgendwann fand sie, sie könne nicht mehr mit so viel Wut weiterleben, und schrieb diesem Mann, sie habe nun beschlossen, ihm zu verzeihen. In dem Moment, wo sie die E-Mail abschickte, habe sich ihre ganze angestaute Wut, ihr ganzer Zorn in Luft aufgelöst, und sie habe gespürt, wie entlastend es gewesen sei, diesem Mann verziehen zu haben. Hätte sie schon früher von der »Macht« der Vergebung gewusst, hätte sie dies schon Jahre früher getan.

Genauso ist es mit emotionalen Blockaden, die verhindern, dass die Liebe zu uns kommt: Wir müssen die Blockaden auflösen. In ihrem preisgekrönten Buch *Trennung als Chance: Auseinandergehen, weitergehen, innerlich wachsen* erklärt die Bestsellerautorin Debbie Ford – meine Schwester –, dass »Vergebung der Korridor zwischen Vergangenheit und Zukunft« sei. Einfach gesagt: Wenn wir die Wunden aus früherer Zeit geheilt haben, öffnen wir einer erfüllenderen Zukunft die Tür.

Colettes Geschichte:
Nicht länger Opfer der Vergangenheit

Meine Erfahrungen mit Männern machte ich unvorbereitet, und sie waren von Anfang an von Lieblosigkeit geprägt. Ich verlor meine Jungfräulichkeit an meinem achtzehnten Geburtstag auf einer Sauftour an einen mir relativ unbekannten Mann. Ein Jahr später stand ich an einer Bar, war wieder betrunken und ließ mich diesmal von einer Gruppe Männer heimfahren, die ich nur flüchtig kannte. Was dann folgte, sollte meine Männerwahl noch jahrelang prägen, denn ich erlebte Erniedrigung und Demoralisierung durch eine Gruppenvergewaltigung. Die seelischen Folgen waren verheerend, und die Typen, die ich von da an anzog, waren das exakte Spiegelbild meiner Wut auf Männer und meines Selbsthasses. Immer wieder hatte ich Beziehungen mit aggressiven, cholerischen, frauenverachtenden Männern, manchmal in Verbindung mit Sexsucht, Drogensucht, Alkoholismus und Glücksspiel. Keiner dieser Männer behandelte mich mit Respekt, weil ich mich selbst nicht respektierte. Keiner von ihnen war emotional zugänglich, weil ich keinen Zugang mehr zu mir selbst hatte. Keiner von ihnen war treu, denn auch ich wurde mir selbst immer wieder untreu. Alle diese Männer waren in derselben Falle von Selbstverleugnung gefangen wie ich.

Mit siebenundzwanzig machte ich eine Entziehungskur, um vom Alkohol wegzukommen. Ich kam an einen Punkt, wo ich an eine höhere Macht glaubte. Ich fing an, mich mit Metaphysik zu beschäftigen, und las unzählige Bücher über das – wie es heute genannt wird – Gesetz der Anziehung. Die Bücher von Wallace Wattles, Catherine Ponder, Ernest Holmes, Alice Bailey, Norman

Vincent Peale, James Allen und Shakti Gawain stapelten sich auf meinem Nachttisch. Ich fing an, mit Techniken wie kreativem Visualisieren, Affirmationen und Visionboards mit künstlerischen Collagen zu arbeiten, die mich bei der Vorstellung und Manifestation eines liebevollen Partners unterstützen sollten. Ich entwarf ein Dreamboard, auf das ich Fotos und Bilder aus Zeitschriften klebte, die einen dunkelhaarigen, gut aussehenden Mann zeigten. Ich schnitt sogar ein Hochzeitskleid aus. Jeden Tag meditierte ich über das äußere Erscheinungsbild dieses Mannes, das Hochzeitskleid und die Heirat. Doch tief in meinem Innern hatte ich meinen Peinigern noch nicht verziehen, und so war es nicht verwunderlich, dass der Partner, den ich an mich zog, den Liebesmangel und meine fehlende Selbstachtung exakt widerspiegelte.

Meinen ersten Ehemann lernte ich bei einem Blind Date kennen. Er war dem gut aussehenden Mann mit den dunklen Haaren von meinem Dreamboard wie aus dem Gesicht geschnitten. Schon kurze Zeit später hielt er um meine Hand an. Für den Zustand, in dem ich mich energetisch und emotional gesehen befand, war es eine »ideale« Beziehung. Wir sprachen respektlos miteinander, waren füreinander nicht greifbar, und letzten Endes waren wir beide enttäuscht und desillusioniert. Rückblickend betrachtet sollte dies das Beste sein, was mir jemals passierte. Denn mir ging endlich ein großes Licht auf.

Ich stand emotional und finanziell am Abgrund und musste mir eingestehen, dass ich immer noch unterdrückte Wut über die Vergewaltigung in mir trug, mich immer noch als Opfer sah und rachsüchtig, misstrauisch und emotional unerreichbar war – nicht nur gegenüber Männern, sondern auch mir selbst gegenüber. Diese Erkenntnis war der Anfang meiner wahren Heilung. Ich verordnete mir ein Jahr lang Enthaltsamkeit und Selbstprüfung, um mich vom Schmerz meiner Vergangenheit zu lösen, der sich in meinem jetzigen Leben nach wie vor bemerkbar machte. Ich lernte zu verzeihen, meinen Groll fahren zu lassen und zu erkennen, inwiefern ich an meinen Lebensdramen selbst beteiligt war.

Langsam regte sich in mir wieder so etwas wie Hoffnung. Die Wut und die Angst, die ich so lange mit mir herumgeschleppt hatte, wichen dem Gefühl der Demut. Ich wurde die Liebe, nach der ich immer gesucht hatte. Im jungen Alter von vierundvierzig war ich bereit, meine künftigen Beziehungen von Gottes Willen lenken zu lassen. Ich sprach täglich ein Gebet und bat Gott zu entscheiden, wer mein Lebenspartner sein sollte, sofern ich überhaupt einen Partner haben sollte. Eines Morgens wachte ich auf und war von Hoffnung erfüllt.

In dieser ganzen Zeit hatte ich als Coach zahlreichen Männern und Frauen beigebracht, wie man übers Internet einen Partner sucht. Ich glaube, es stimmt, dass man anderen das beibringt, was man selbst am dringendsten lernen muss. Die positiven Ergebnisse dieser Art der Partnersuche ermutigten mich, es selbst einmal zu probieren. Also loggte ich mich eines Tages auf einer Dating-Site ein, und – man höre und staune – eine Annonce von einem richtig gut aussehenden Mann öffnete sich! Ich las nicht einmal, was er geschrieben hatte – ein Blick in seine Augen genügte, und mein innerer Radar gab Alarm. Ich schrieb den Mann an, er rief zurück, und als ich seine Stimme am Telefon hörte, wusste ich, dass er der Richtige war. Ich hatte keine Beklemmungen, sondern empfand Ruhe, Angenommensein und Freundlichkeit – ganz anders als die romantische Sehnsucht, die ich in jeder früheren Beziehung verspürt hatte. Wir fanden beide recht schnell heraus, dass wir füreinander bestimmt waren. Seitdem sind wir unzertrennlich.

Da ich nun emotional geheilt war, stand die Beziehung zu meinem Seelenpartner auf einem soliden Fundament. Gleich zu Beginn schwor ich mir, dass ich niemals etwas Respektloses zu ihm sagen oder tun würde. Wir hatten beide schon genug schwierige Beziehungen hinter uns und wussten, welche Dinge wir nicht wiederholen wollten. Die Erfahrung lehrte uns: »Wenn du weitermachst wie bisher, bekommst du das, was du bisher bekommen hast!«

Wir waren uns einig, dass wir unsere Liebe mit einem Ehegelübde ehren wollten. Und dass für uns eine

Scheidung nicht infrage kam. Unsere Probleme lösen wir immer vor dem Zubettgehen, wir stellen das Wohl des anderen immer an die erste Stelle und unterstützen uns gegenseitig in unserem spirituellen und persönlichen Wachstum. Es gibt keine Manipulationen, keine Machtkämpfe, wir stehen immer Schulter an Schulter, aber nie so eng, dass wir uns gegenseitig in den Schatten stellen. Wir sind ein Team. Wir sind die besten Freunde. Auseinandersetzungen stehen bei uns immer im Zeichen der Liebe. Wir lachen gemeinsam über Albernheiten. Natürlich sind wir nicht perfekt, aber wir sind ideal füreinander. Niemals wäre ich in der Lage gewesen, so eine gesunde Beziehung an mich zu ziehen, wenn ich nicht mir selbst und all denjenigen verziehen hätte, die mich verletzt hatten.

Colettes Geschichte ist der eindrucksvolle Beweis, dass zur Vergebung zwei Dinge gehören: Zunächst müssen wir den Menschen verzeihen, die uns emotionale Verletzungen beigefügt haben, und dann müssen wir uns selbst dafür vergeben, dass wir so viele Male nicht auf unsere Intuition gehört oder Entscheidungen aus Verzweiflung heraus getroffen haben, oder für all die anderen Dinge, die wir uns vorwerfen.

Sich selbst vergeben

Im zweiten Kapitel habe ich Sie gebeten, allen Verflossenen, die Ihnen wehgetan haben, einen Brief zu schreiben und sich anschließend selbst einen Brief aus deren Perspektive zu schreiben. Ich hoffe, Sie haben diese Übung gemacht, denn sie ist die Grundlage für die nächste Übung.

Für diese Übung brauchen Sie

- 10 bis 30 Minuten Zeit,
- Briefpapier und Stift,
- eine Kerze und sanfte Musik (ich mag am liebsten gregorianische Gesänge),
- die Bereitschaft zu dieser Übung.

Schreiben Sie sich selbst einen Brief der Vergebung. Damit lösen Sie sich noch stärker von Ihrer Vergangenheit. Wichtig ist, dass Sie sich für alle die Male verzeihen, in denen Sie in Beziehungen verharrten, die nicht zu Ihrem Besten waren und nicht Ihren höchsten Zielen entsprachen – und genauso wichtig ist es, dies schriftlich zu tun. Lassen Sie nichts aus und schreiben Sie die Namen aller Menschen und die konkreten Ereignisse auf, die dazu führten, dass Sie Ihr Herz verschlossen haben. Bitte fügen Sie nach jedem Absatz folgenden Satz hinzu:

Ich vergebe mir voll und ganz für dieses Tun und vergebe voll und ganz .... *(Name einsetzen)* für sein/ihr Tun. Ich segne jetzt mich und .... *(Name einsetzen)* und nehme diese Heilung meines Herzens dankbar an. Und so sei es.

Wenn Sie mit diesem Brief fertig sind, lesen Sie ihn sich laut vor und spüren Sie dabei, wie befreiend Vergebung wirkt. Vielleicht spüren Sie, wie sich Ihr Herz weit öffnet, oder Sie bemerken gedanklich, dass Sie sich ein klein wenig in Richtung Vergebung bewegen.

Lesen Sie sich Ihren Vergebungsbrief in den folgenden zehn Tagen immer wieder laut vor. Wenn Sie nach alldem keine innere Veränderung feststellen, sollten Sie sich Unterstützung bei einer Beraterin, einem Lebenshilfe-Coach oder einer Therapeutin holen. Falls Sie sich übrigens anfangs gegen diese Übung sträuben, dann gestehen Sie sich dieses Sträuben ein paar Minuten lang zu – und machen Sie trotzdem einen zweiten Anlauf.

Das Band durchtrennen

Wenn Sie sich und Ihren Verflossenen verziehen haben, ist es Zeit, sich sanft und liebevoll energetisch von ihnen zu lösen. Viele EnergiearbeiterInnen glauben, dass wir »energetische« Haken in Menschen zurücklassen, zu denen wir ein enges Verhältnis pflegten. Diese Haken können positiv sein, zum Beispiel das Band, das beim ersten Kuss entsteht, oder negativ, etwa die emotionalen Wunden, die nach einer Trennung zurückbleiben, oder ein Ausgebranntsein nach einem Kampf. Diese energetischen Haken sind elektromagnetische Verbindungen zwischen Menschen, über die Gedanken, Emotionen und Energie ständig hin- und herfließen. Wahrscheinlich haben Sie die Macht energetischer Bande irgendwann selbst schon einmal erlebt. Vielleicht haben Sie beschlossen, eine Beziehung zu beenden, und den kühnen Entschluss gefasst, emotional einen Neuanfang zu wagen. Und dann ruft – welche Überraschung! – Ihr Verflossener oder Ihre Ex an und will Sie zurückhaben. Was ist da passiert? Mit der Entscheidung, einen Neuanfang zu machen, haben Sie das energetische Band zwischen Ihnen beiden zerschnitten. Auf einer unbewussten Ebene hat der andere dies gespürt und dann wieder einen Schritt auf Sie zu gemacht, um die energetische Verbindung wiederherzustellen.

Je nachdem, wie stark Sie auf diese Weise mit irgendeinem Expartner verbunden sind, wird Ihnen nicht

Ihre gesamte Energie für eine neue Beziehung zur Verfügung stehen. Außerdem machen sich die Überbleibsel negativer energetischer Haken mitunter als körperliche Schmerzen bemerkbar. Ich weiß von vielen Personen, bei denen Kopfweh, Rückenschmerzen und alle möglichen anderen Beschwerden verschwanden, sobald diese energetischen Bande durchtrennt wurden.

Doch wie durchtrennt man diese Bande? Zunächst müssen wir ganz ehrlich mit uns sein und gewährleisten, dass wir emotional wirklich bereit sind, uns zu lösen. Sobald Sie davon überzeugt sind, dass es Zeit ist, die Bande zu durchtrennen, können Sie sich an einen Energieheiler wenden oder es allein mithilfe einer der Techniken tun, die ich Ihnen gegen Ende dieses Kapitels vorstelle.

Vor vielen Jahren las ich ein indianisches Buch, in dem stand, dass Liebende »leuchtende Bänder aus grünem Licht« im Schoß der Frau zurückließen. Um diese energetischen Haken zu lösen, solle sich die Frau in eine Höhle begeben und dort drei Tage lang meditieren. In dieser Höhle solle sie sich jeden ihrer früheren Geliebten in Erinnerung rufen, mit allen einen inneren Dialog über Vergebung und Anerkennung führen, und sobald sie dazu bereit sei, solle sie sich vorstellen, wie sie die Bande, die sie noch miteinander verknüpften, endgültig durchtrennte.

Ich brauchte zwar nicht in eine Höhle zu gehen, aber ich löste mich auf ähnliche Weise von meinen Expartnern, indem ich jeden Tag in meinem Herzen Platz für meinen Seelengefährten machte. Zu Beginn der Übung setzte ich mich jedes Mal still hin und meditierte. Dann rief ich mir einen früheren Freund oder Geliebten in Erinnerung, mit dem ich mich noch immer energetisch verbunden fühlte. In meinem Geist und meinem Herzen dankte ich ihnen, dass sie Teil meines Lebens gewesen waren, dass sie als Katalysator für mein Wachstum fungiert und mir dabei geholfen hatten, die Eigenschaften deutlicher zu erkennen, die mir bei einem Mann wirklich wichtig waren. In einem Gespräch, das ich mit geschlossenen Augen mit jedem Einzelnen führte, sagte ich ihnen alles, was meiner Meinung nach gesagt werden musste, und stellte mir manchmal sogar vor, was sie mir vielleicht mitteilen wollten. Dann visualisierte ich, ich befände mich in meinem eigenen Schoß, wo ein energetisches Band mich noch immer mit diesem Menschen verknüpfte. Vor meinem geistigen Auge zerschnitt ich dieses Band anschließend mit einer Schere und sah zu, wie es sich sofort auflöste.

Wenn Ihnen diese Technik merkwürdig vorkommt (oder wenn Sie ein Mann sind), können Sie sich vorstellen, die Bänder seien mit Ihrem zweiten Chakra verbunden, genau unterhalb Ihres Bauchnabels. Schließen Sie die Augen, sehen Sie das Band, das Sie noch immer mit der betreffenden Person verbindet, führen Sie einen inneren Dialog, in dem Sie alles Notwendige sagen, stellen Sie sich dann vor, Sie nehmen ein Messer oder eine scharfe Schere und schneiden das Band entzwei. Danach spüren Sie unter Umständen, wie die Energie, die Sie einst nach außen auf diese andere Person projiziert haben, zu Ihnen zurückkehrt.

Falls Sie Schwierigkeiten mit Visualisierungen haben, können Sie auch das folgende Ritual machen, das ich in groben Zügen aus dem Buch *Prana-Selbstheilung* von Meister Stephen Co und Dr. Eric B. Robins übernommen habe. Es ist ungemein befriedigend, seine Vergangenheit richtiggehend fortzuspülen und mitanzusehen, wie sie im Ausguss verschwindet. Das können Sie sogar in Verbindung mit der gerade beschriebenen Technik machen.

Die Vergangenheit loslassen – ein Ritual

Für diese Übung brauchen Sie

- einen Behälter mit ca. 700 g Salz (ein beliebiges Tafelsalz, aber kein Bittersalz),
- Kerzen,
- ein großes, sauberes Badetuch,
- 15 bis 30 Minuten Zeit, in der Sie nicht gestört werden.

Lassen Sie warmes Wasser in die Badewanne ein und geben Sie das Salz dazu. Während das Wasser einläuft, zünden Sie ein paar schöne Kerzen an und schalten das Licht aus. Tauchen Sie in das Salzwasser ein und rufen Sie sich jeden Ihrer Verflossenen in Erinnerung. Vergeben Sie ihnen stumm und bitten Sie sie, auch Ihnen alles zu verzeihen, womit Sie sie verletzt haben könnten. Bedanken Sie sich bei ihnen auch für die positiven Aspekte, die sie in Ihr Leben gebracht haben, für die Lektionen, die Sie gelernt haben, und für die Klarheit, die Sie durch das Zusammensein mit dieser Person erlangt haben.

Stellen Sie sich dann vor, dass Sie ein energetisches Band mit dieser Person in einer Weise verbindet, die Sie behindert oder einschränkt. Versuchen Sie mit geschlossenen Augen die Stelle in Ihrem Körper zu finden, an der Sie sich immer noch mit dieser Person verbunden fühlen; vielleicht nehmen Sie sie als Sehnsucht, als Groll oder gar als Taubheitsgefühl wahr. Atmen Sie tief und spüren Sie, dass diese Art von Verbindung Sie für die Liebe in der Gegenwart unerreichbar macht. Visualisieren Sie dann das Band, das Sie beide verbindet, und überlegen

Sie, wie Sie es durchtrennen möchten. Sie können es mit einem Karateschlag durchschlagen oder so tun, als zerschnitten Sie es mit einer Schere oder einem Messer. Sobald das Band durchtrennt ist, klatschen Sie dreimal in die Hände, um die Energie zu zerstreuen und freizusetzen, die einst durch dieses energetische Band floss.

Wenn Sie fertig sind, lassen Sie das Badewasser ablaufen und duschen anschließend ganz lang. Nehmen Sie Ihr Lieblingsduschgel und Ihr Lieblingsshampoo und waschen Sie Körper und Haare gründlich, um das Salzwasser und mit ihm jegliche Rückstände negativer Energie, die sich einst in diesem energetischen Band befand, zu beseitigen. Es ist ganz wichtig, dass Sie sich nach einem Salzbad gründlich reinigen. Manchmal klammern wir uns an die Vergangenheit – auch wenn sie schmerzhaft oder nicht erfüllend war –, um uns von unserer tiefen Sehnsucht nach wahrer Liebe abzulenken. Wenn uns unsere Einsamkeit schmerzlich bewusst wird, neigen wir schnell zu Nostalgie oder Verbitterung gegenüber unseren Expartnern und entziehen uns, ohne es zu merken, im Hier und Jetzt unsere Lebenskraft.

Denken Sie noch einmal an den Mann oder die Frau, die Sie in Ihrer Seelenpartner-Wunschliste beschrieben haben. Damit eine starke energetische Verbindung zu diesem Menschen entsteht, müssen Sie all Ihre Ressourcen fest auf das Hier und Jetzt fokussieren. Je mehr Sie an der Vergangenheit festhalten, desto weniger können Sie in der Gegenwart leben. Es ist nun Zeit, sich voll und ganz für die Heilung Ihres Herzens einzusetzen, auch wenn es Sie schmerzt, dass Ihr Seelenpartner/Ihre Seelenpartnerin noch nicht an Ihrer Seite ist. Ihr inniger Wunsch, sich mit ihm oder ihr zu verbinden, wirkt wie ein starker Magnet. Und wenn Ihr Herz offen ist, kann Ihnen der Andere auch begegnen, denn Sie sind unbekümmert und einfach unwiderstehlich! Räumen Sie auf mit energetischen Bindungen an Ihre Vergangenheit. Sie geben damit dem Universum unmissverständlich ein Zeichen, dass Sie bereit, willens und fähig sind, genau jetzt mit Ihrem Seelenpartner oder Ihrer Seelenpartnerin eins zu werden.

KAPITEL 7

Werden Sie aktiv

Suchen Sie nach einem Menschen, der Sie wegen und nicht trotz Ihrer Unterschiede liebt, dann haben Sie einen Geliebten fürs Leben gefunden.

Leo Buscaglia

V or vielen Jahren schrieb ich ein Buch mit dem Titel *Hot Chocolate for the Mystical Lover: 101 True Stories of Soulmates Brought Together By Divine Intervention.* Beim Schreiben entdeckte ich die vielen Möglichkeiten, die es gibt, wie Seelenpartner einander finden. Es ist äußerst ermutigend, wenn man feststellt, dass die Beteiligten selbst bei den geheimnisvollsten, magischsten Begegnungen *handeln* mussten – bewusst »zur richtigen Zeit am richtigen Ort« sein mussten. Lesen Sie, wie diese Menschen dabei vorgegangen sind, und tun Sie es ihnen gleich.

Einen Vorsatz fassen und in die Tat umsetzen

Die Liste mit den gewünschten Eigenschaften Ihres Seelenpartners haben Sie bereits erstellt und den Vorsatz gefasst, Ihren idealen Lebenspartner zu finden. Jetzt gilt es, auf Hinweise zu achten und sich mental, emotional und körperlich vorzubereiten, wenn das Schicksal Sie zum Handeln aufruft. Mit dieser Gewinnerstrategie fand mein Freund Sean Roach, ein erfolgreicher Geschäftsführer und Redner, seine Seelengefährtin.

Mit sechsunddreißig Jahren begann Sean sich allmählich zu fragen, ob er wohl jemals die richtige Frau fände, mit der er sich niederlassen und eine Familie gründen würde. Sein Beruf brachte es mit sich, dass er mindestens zweimal pro Woche auf Reisen und auch sonst nur selten zu Hause war und deshalb kaum Zeit für Verabredungen hatte. Ich verriet Sean ein paar der Prinzipien, die ich Ihnen weiter oben vorgestellt habe. Zwar musste er zugeben, dass er nicht besonders fest an »dieses esoterische Zeug« glaubte, aber er erklärte sich bereit, es einmal zu versuchen. Er fasste den Vorsatz, eine passende Partnerin zu finden, fertigte eine Schatzkarte mit Bildern von glücklichen Paaren am Strand oder beim Grillen im Garten an und lud sich ein bestimmtes Bild – einen Mann mit einem Kind auf den Schultern – auf seinen iPod und sein Handy, wo er es täglich anschauen konnte.

Eines Nachmittags war Sean unterwegs nach Orlando, wo er eine Rede halten sollte. Zwar arbeitete er normalerweise während des ganzen Flugs oder beantwortete E-Mails, aber diesmal fiel ihm die Stewardess Pia auf, die ihm ein Glas Rotwein servierte. Nach einem nur vierundzwanzigstündigen Aufenthalt in Orlando flog Sean wieder zurück an die Westküste – und wieder flog dieselbe Besatzung mit. Nach etwa einer Stunde Flugzeit bekam Sean mit, wie ein Fluggast eine der Flugbegleiterinnen grob anfuhr, und sah sich veranlasst einzugreifen. Als er der Stewardess zu Hilfe eilen wollte, blickte er unerwartet wieder Pia in die Augen. Ein anderer Flugbegleiter, der das Funkensprühen beobachtet hatte, meinte daraufhin: »Sean sollte eine Belohnung für seinen Einsatz bekommen, und ich finde, diese Belohnung sollte Pias Telefonnummer sein!« Sean notierte sich tatsächlich Pias Nummer und rief sie eine Woche später an. Schon bei ihrem ersten gemeinsamen Abendessen hatten beide das Gefühl, sich schon seit Jahren zu kennen.

Kontakt zu früheren Bekanntschaften aufnehmen

Wie oft haben Sie sich schon gefragt: »Was wohl aus Soundso geworden ist?« Viele Menschen finden ihre große Liebe bei einem Treffen verschollen geglaubter

Freunde oder weil sie von ihnen hören und machen dann den ersten Schritt, um wieder Verbindung aufzunehmen. So wie Charlie und Carlyn Baily, beide um die sechzig, die heirateten, nachdem sie sich über Classmates.com wiedergefunden hatten – vierzig Jahre nach ihrem Schulabschluss. »Ich kann es noch immer nicht richtig glauben«, sagte Carlyn. »Noch vor zehn Jahren, als es noch keine Computer und kein Internet gab, wäre es buchstäblich reiner Zufall gewesen, den Kontakt wiederherzustellen.«

Manchmal sind auch zündende Geschäftsideen das Ergebnis einer erneuten Kontaktaufnahme mit einer früheren Flamme. Ein Beispiel ist Jeff Tinsley, der die Liebe seines Lebens beim zehnjährigen Klassentreffen traf und von ihrem Wiedersehen so inspiriert war, dass er www.reunion.com gründete!

Auf Träume und Vorahnungen achten

Auch ich gehöre zu den Menschen, die Hinweisen in Träumen große Beachtung schenken. Besonders verblüffend ist in diesem Zusammenhang die Geschichte des Engländers David Brown. Eines Morgens vor fünf Jahren wachte er mit einer Handynummer im Kopf auf. Er hatte keine Ahnung, wie er zu dieser Nummer gekommen war, und schickte eine SMS in der Hoffnung, das Rätsel lösen zu können. Es war der Anschluss von Michelle Kitson, die hundert Kilometer entfernt lebte. Sie konnte sich nicht erklären, weshalb David Brown ihre Handynummer durch den Kopf ging, aber nachdem sie ein paar SMS ausgetauscht hatten, verabredeten sie sich schließlich, und bei ihrem Treffen verliebten sie sich. David und Michelle haben kürzlich geheiratet und sind gerade aus den Flitterwochen zurückgekehrt, die sie in Indien verbrachten. Wahre Geschichten wie diese sind eine deutliche Mahnung, auf unsere Träume zu achten, unserer Intuition zu vertrauen und daran zu glauben, dass das Universum uns sogar jetzt in diesem Moment Zeichen schickt, die uns zur Liebe führen.

Dem Bauchgefühl trauen und der Intuition folgen

Eine Frau, die eigentlich sehr deprimiert war, verspürte den Impuls, ein Aquarium zu besuchen. Sie war nie zuvor dort gewesen und hatte bisher auch kein sonderlich großes Interesse an einem Besuch gehabt. Dennoch ging sie hin und lernte dort den Delfintrainer kennen und verliebte sich in ihn. Inzwischen sind die beiden glücklich verheiratet und leben in Hawaii.

Eine andere Frau erhielt eine Last-Minute-Einladung zu einer Party. Eigentlich hatte sie an jenem Abend keine rechte Lust, unter die Leute zu gehen, aber etwas in ihr drängte sie, es doch zu tun. Auf dieser Party lernte sie ihren späteren Ehemann kennen.

Bei anderen waren es Freunde, die ein Blind Date arrangierten, und obwohl sich die Kandidaten selbst niemals als Blind-Date-Typ bezeichnet hätten, machten sie mit und wurden am Ende von Amors Pfeil getroffen.

Das Internet für die Suche nach dem Seelenpartner nutzen

Mehrere meiner Freundinnen haben ihren Ehemann über das Internet kennengelernt. Kürzlich stand in einem Artikel, bis zum Jahr 2011 würden schätzungsweise achtzig Prozent der Bevölkerung eine virtuelle Identität besitzen. Falls Sie nun einwenden, Sie könnten ja gar nicht von der neuesten gesellschaftlichen Technologie profitieren, weil Sie sich mit dem Internet nicht auskennen, dann denken Sie an das Beispiel meiner achtzigjährigen Schwiegermutter, die sich von einer jüngeren Freundin, die fit im Umgang mit Computern war, in die Geheimnisse des Internets einweisen ließ und über Match.com die Liebe ihres Lebens kennenlernte.

Die Zeit des Alleinlebens aktiv gestalten

Machen Sie nicht den Fehler, Vergnügen und Abenteuer auf später zu verschieben – nämlich erst *nachdem* Sie Ihrem Seelenpartner begegnet sind –, mit der Begründung, dann hätten Sie jemanden, der Abenteuer mit Ihnen gemeinsam besteht.

Ich erinnere mich an einen Mann, der Wale liebte und irgendwann beschloss, mit einer Gruppe Fremder eine Kajaktour zu machen, um endlich einmal Wale aus der Nähe zu sehen. Und was passierte? Er sah nicht nur die Wale, sondern lernte obendrein seine Seelenpartnerin kennen, die zufällig in einem anderen Kajak neben ihm saß. Es gibt Paare, die sich auf Reisen in fernen Ländern begegneten, wo sie niemals damit gerechnet hätten, auf die Liebe ihres Lebens zu treffen. Vivian war aus Boston, Mike aus Minneapolis. Sie lernten sich auf Kreta kennen. Liebe kennt eben keine Grenzen.

Manchmal genügt es schon, einen großen Schritt zu wagen oder Ihrem Herzenswunsch zu folgen, und Sie landen direkt vor der Haustür Ihres Schatzes. Gabrielle beispielsweise, eine junge Frau, die einen meiner Marketingkurse besuchte, wollte schon als Teenager unbedingt Spanisch lernen. In ihrer Fantasie traf sie den idealen Latin Lover, der ihr geduldig seine Muttersprache beibrachte und sie dann auf eine exotische Ferienreise nach Mexiko mitnahm. Als sie mir davon erzählte, drängte ich sie, nicht länger zu warten, sondern ihrer Leidenschaft fürs Spanische zu folgen. Wer konnte schon wissen, wohin dies führen würde?

Als ich einige Monate später wieder von Gabrielle hörte, hatte sie Erfreuliches zu berichten: Nachdem sie sich an einer Abendschule für Spanischunterricht eingeschrieben hatte, schloss sie dort Freundschaft mit einer Frau, die ihr den Mann vorstellte, mit dem sie jetzt verlobt ist (und er ist Latino)!

Ich will Ihnen mit diesen Beispielen sagen, dass Sie zwar nicht planen können, an welchem Tag, welchem Ort oder um welche Zeit Ihr Seelenpartner auftauchen wird, aber Sie können Ihre Chancen beträchtlich erhöhen, wenn Sie sich aktiv mit Ihrem eigenen Leben beschäftigen, statt passiv im Wartestand zu verharren. Fangen Sie an, den Interessen nachzugehen, die Sie auf Eis gelegt haben. Wenn Sie gern Tennis spielen, aber seit einer Ewigkeit keinen Schläger mehr angerührt haben, werden Sie Mitglied in einem Tennisclub oder nehmen Sie Tennisunterricht. Wenn Sie davon träumen, mit Ihrem Liebsten in der Natur zu sein, nehmen Sie an einer geführten Tour einer Wanderorganisation teil oder machen Sie ab jetzt nach der Arbeit immer Halt an einem Strand oder einem Erholungsgelände. Wenn Sie ein eifriger Leser sind, treten Sie einem Literaturkreis bei.

Wenn Sie Ihre Zeit als Single nutzen, um Ihren Interessen und Leidenschaften aktiv nachzugehen, macht

Sie das letztendlich zu einem glücklicheren, gesünderen und geistig wacheren Menschen. Höchstwahrscheinlich werden Sie dabei auch ein paar interessante Leute kennenlernen, die Ihre Hobbys und Vorlieben teilen.

Das heißt nun nicht, dass Sie jede freie Stunde in Ihrem Terminkalender mit Aktivitäten füllen sollen, die den Zeitpunkt der Begegnung mit Ihrem Seelenpartner hoffentlich beschleunigen. Wenn Sie der Gedanke umtreibt, Ihr Seelengefährte werde Sie niemals finden, falls Sie in Ihren eigenen vier Wänden bleiben, dann haben Sie etwas nicht richtig verstanden! Es ist ein Riesenunterschied, ob Sie *begeistert* oder *zwanghaft* aktiv werden. Unter begeistertem Handeln verstehe ich, dass Sie sich selbst mögen und allein gut zurechtkommen, sich aber dennoch in einer Sache engagieren, die die Freude, die Sie bereits jetzt verspüren, noch vergrößert. Zwanghaftes Handeln hingegen erfolgt aus Einsamkeit, Verzweiflung und Angst heraus. Denken Sie an die Grundaussage des Gesetzes der Anziehung: »Gleiches zieht Gleiches an.« Wenn das Motiv Ihres Handelns innere Leere oder Unausgefülltheit ist, kann es durchaus passieren, dass Sie nur noch mehr davon anziehen.

Vertrauen Sie darauf, dass die Dinge sich entwickeln. Handeln Sie, wenn die Zeichen auf Handeln stehen, und fühlen Sie sich nicht zum Handeln gezwungen, wenn die Begeisterung fehlt. Peggy McColl, meine liebe Freundin und Autorin des *New York Times-*

Bestsellers *Dein Schicksals-Schalter: Meistere deine zentralen Emotionen und gestalte das Leben nach deinen Wünschen*, fand heraus, dass die Liebe manchmal dann den Weg zu uns findet, wenn wir beschlossen haben, überhaupt nichts zu tun.

Peggys Geschichte:
Mein Seelenpartner läutete bei mir

Nach meiner Scheidung war ich Mutter und Hausfrau und betrieb von zu Hause aus ein Internetgeschäft. So hatte ich sehr wenig echten Kontakt zu anderen Menschen. Außerdem lebte ich in einem Stadtviertel, wo lauter Familien und, soweit mir bekannt war, kein einziger männlicher Single wohnten. Ich glaubte zwar daran, dass mein Seelenpartner ganz in der Nähe sein musste, aber es fiel mir zunehmend schwer, Jahr um Jahr verstreichen zu sehen, während ich auf ihn wartete. Außerdem fragte ich mich, wie um alles in der Welt er mich finden sollte, denn schließlich arbeitete ich ja daheim und verbrachte die meiste Zeit mehr oder weniger isoliert.

Nach und nach befreite ich mich von dem inneren Druck, wissen zu müssen, wo oder wie er in mein Leben treten würde, und eines Tages Anfang Januar sagte ich mir fest entschlossen: *Mein Seelenpartner und ich werden uns ganz leicht, problemlos und unter idealen*

Bedingungen begegnen. Dies wurde tatsächlich zu meinem täglichen Mantra, und ich entwickelte ein unerschütterliches Vertrauen.

Wenige Tage später ging ich mit meinem Hund spazieren. Als er im Vorgarten eines benachbarten Hauses einen anderen Hund sah, der anscheinend neu in der Gegend war, raste er hin, um den Neuankömmling zu begrüßen. In diesem Augenblick kam der Hundebesitzer aus dem Haus, und ich dachte mir: »Hm, der sieht aber gut aus!« Wir kamen ins Gespräch, und mittendrin schoss mir plötzlich der Gedanke durch den Kopf: »Mit so einem Mann wäre ich gern zusammen.« Er wirkte sanft, freundlich, fürsorglich, und offensichtlich mochte er Hunde. Außerdem sah er gut aus und hatte eine männliche Ausstrahlung. Von nun an blieb ich offen für die Art und Weise, wie Mr. Right in mein Leben treten würde. Ich widerstand dem Drang, »etwas in die Wege zu leiten«, und vertraute stattdessen dem Universum, seinem Zeitplan und seiner Weisheit.

Und dann läutete es an einem verschneiten Wintermorgen an meiner Tür: Es war mein neuer Nachbar, der mich bat, seinen Hund zu hüten, weil seine Hundesitterin keine Zeit hatte und er zur Arbeit musste (er war Pilot auf Abruf). Als er einige Stunden später zurückkam, lud ich ihn auf einen Kaffee zu mir ein, und der Rest ist Geschichte, wie man so schön sagt. Wir verliebten uns und waren schon nach kurzer Zeit ein Paar. Zweieinhalb Jahre später haben wir geheiratet.

Dem Glück auf die Sprünge helfen

Sobald Sie davon überzeugt sind, dass Ihr Seelenpartner auf dem Weg zu Ihnen ist, sollten Sie täglich auf Ihre Intuition hören, was Sie konkret tun können, um die tatsächliche *Begegnung* ein bisschen zu vereinfachen:

⊙ Beginnen Sie jeden Tag mit einem Dankgebet und denken Sie daran, Ihr Herzenslicht voll aufzudrehen. Schenken Sie den Menschen, mit denen Sie täglich zu tun haben, ein Lächeln und üben Sie sich darin, Liebe auszustrahlen. Egal wem Sie begegnen – Männern, Frauen, Kindern, auch Tieren –, begegnen Sie ihnen liebevoll. Dann fühlen Sie sich besser und die anderen auch, und außerdem macht Sie das unglaublich anziehend.

⊙ Sie können noch einen Schritt weiter gehen: Stellen Sie sich vor, Ihr Seelenpartner beobachtet Sie rund um die Uhr. Nutzen Sie diese Perspektive, um Ihr Verhalten anderen gegenüber unter die Lupe zu nehmen. Gehen Sie mit Ihren Mitmenschen freundlich, rücksichtsvoll und aufmerksam um? Fragen Sie sich, was Sie anders machen würden, wenn

Ihr Seelenpartner Sie begleiten würde, und beginnen Sie mit diesem Verhalten noch heute.

⊙ Scheuen Sie sich nicht, auch mal allein wegzugehen. So manche Frau lernte die Liebe ihres Lebens in einer Kaffeebar oder in einem Restaurant kennen, das sie ohne Begleitung aufsuchte.

⊙ Ändern Sie etwas an Ihrem Tagesablauf. Meistens erledigen wir Dinge ganz mechanisch, ohne groß darüber nachzudenken, laufen mit Scheuklappen herum und merken nicht einmal, was direkt vor unserer Nase liegt. Probieren Sie beispielsweise für Ihren nächsten Work-out ein neues Fitnessstudio aus oder wählen Sie eine andere Strecke, wenn Sie joggen oder Rad fahren. Besuchen Sie ein neues Café oder gehen Sie in einen anderen Lebensmittelladen als bisher (eines der coolsten Pärchen, das ich kenne, lernte sich in der Backwarenabteilung eines Supermarkts kennen). Warum Sie Neues wagen sollten? Weil Sie dann gezwungen sind, besser achtzugeben und präsenter zu sein. Wenn Sie präsenter sind, also nicht tausend Sachen gleichzeitig machen oder sich ausgeklinkt haben und Ihren Gedanken nachhängen, nehmen Sie vielleicht Notiz von jemandem, dem Sie aufgefallen sind!

☉ Achten Sie auf sonderbare Zufälle und folgen Sie Ihren intuitiven Eingebungen.

☉ Und noch etwas: Schaffen Sie sich Verbündete. Wenn Ihnen nach den Übungen in diesem Buch klarer geworden ist, wonach Sie bei einem Partner suchen, dann informieren Sie unbedingt Ihre Freunde und erzählen Sie ihnen, was auf Ihrer Wunschliste steht.

Drews und Jennys Geschichte:
Das Gesetz der Anziehung funktioniert immer wieder

Neulich saß ich mit Drew Heriot, dem Regisseur des Films *The Secret – Das Geheimnis*, und seiner Verlobten Jenny Keller zusammen. Dieses reizende Paar erzählte mir, wie sie sich das Gesetz der Anziehung durch eine kluge Kombination von Intuition und Aktionismus zunutze machten.

Drew: 2006 beendete ich die vierjährige Beziehung mit meiner damaligen Freundin. Wir hatten beide den

Eindruck, es würde uns in unserer Entwicklung wei-
terbringen, wenn wir uns trennten.

Jenny: In diesem Jahr zog ich vom Mittleren Westen
nach Los Angeles. Ich konnte den Ort, an dem ich
das Externship für meine Doktorarbeit absolvieren
sollte, frei wählen und beschloss, dies als Chance
für einen neuen Lebensabschnitt zu sehen. Ich
wusste ja, dass ich mich nur für ein Jahr verpflich-
tete. Warum also nicht einmal etwas Neues ausprobieren? Doch schon einen Monat nach meinem Umzug ging die zweijährige Beziehung mit meinem
Freund in die Brüche, und ich merkte, dass es Zeit
war, meine Wünsche für eine neue Partnerschaft zu
überdenken.

Drew: Im Oktober 2006 lagen Jenny und ich also beide
im Bett, ohne voneinander zu wissen, und machten
uns Gedanken, wie wir uns einen künftigen Partner
vorstellten. Ich tat dies schriftlich, während Jenny,
wie sie es immer macht, ein Arbeitsblatt erstellte.

Jenny: Also, ich fand, das war eine tolle Idee. Ich teilte
mein Arbeitsblatt in Spalten mit den Überschriften
»Unbedingt notwendig«, »Wünschenswert« und
»Nicht akzeptabel«.

Drew: Nachdem ich abgeklärt hatte, was ich mir von
einer Frau wünschte, lehnte ich mich in freudiger
Erwartung zurück – genau so, wie ich mich fühle,
wenn ich ein leckeres Essen bestellt habe, das
gleich auf meinem Tisch stehen wird. Ich überließ

das Wie, Wann und Wo dem Universum, und dieses sorgte ganz klassisch dafür, dass drei Monate später das schönste Rendezvous mit Jenny stattfand. Bei einem Vortrag von John Demartini (einem der Lehrer, die in *The Secret – Das Geheimnis* vorkommen) saß Jenny direkt vor mir. In diesem Vortrag ging es unter anderem darum, die Mythen und Fantasien, die sich um Beziehungen ranken, zu entlarven, um wahre Nähe herzustellen.

Jenny: Beinahe wäre ich an jenem Abend gar nicht zu dem Vortrag gegangen. Ich war an besagtem Tag ziemlich kaputt von der Arbeit nach Hause gekommen und auf der Couch eingeschlafen. Als ich aufwachte, stellte ich fest, dass mir gerade noch Zeit blieb, um etwas überzuwerfen und sofort loszustürmen. Benommen wie ich war, überlegte ich ernsthaft, ob ich überhaupt hingehen sollte. Ich redete mir ein, ich sei doch so müde, und da ich allein zu diesem Vortrag gehen wollte, würde ich auch niemanden enttäuschen, wenn ich es bleiben ließ. Aber etwas in mir sagte mir, ich *müsse* da hingehen. Dieses Gefühl kannte ich nur zu gut; es war die innere Stimme, die immer sagt, dass dich »etwas erwartet«. Also folgte ich dieser Stimme, zog mich rasch an und machte mich auf den Weg.

In dem Moment, als ich den Saal betrat, sah ich »ihn«. Wir gingen gemeinsam hinein, und er saß während des ganzen Vortrags hinter mir. Ich weiß

noch, dass ich dachte: »Mensch, ist der aber süß!«
Er hatte einen australischen Akzent. Wie konnte ich
diesen Punkt nur auf meiner Liste vergessen?!

Drew: Sie drehte sich auf ihrem Stuhl zu einem kurzen
Gespräch um und war so schön und so klar.

Jenny: Als der Vortrag zu Ende war, fasste ich mir ein
Herz und wollte Drew fragen, ob er noch Lust auf einen Kaffee hätte. Da Drew sich gerade mit John Demartini unterhielt, kaufte ich rasch eines von Johns
Büchern und eilte zum Podium, um es signieren zu
lassen. Ehrlich gesagt war mir das Autogramm egal –
ich wollte einfach nur näher an Drew rankommen.

Drew: Hast du das Buch deswegen gekauft?

Jenny: Ja! Hab ich dir das nie erzählt?

Drew: Oh, meine Süße. Das hab ich gar nicht gewusst!

Jenny: Na, jedenfalls ließ ich das Buch von John signieren und tauschte mit Drew Blicke aus, aber keiner
von uns hatte den Mut, den anderen nach seiner Telefonnummer zu fragen.

Drew: Ich weiß einfach nicht, wie man es anstellt, un-
aufdringlich nach der Telefonnummer einer Frau zu
fragen.

Jenny: In diesem Moment gingen ein paar Leute auf
Drew zu, und einer von ihnen sagte: »... und das ist
der Regisseur von *The Secret*.« Tja, und dann rea-
gierte ich, wie ich immer reagiert hatte: Ich ging einfach weg, während Drew noch redete, winkte ihm
zum Abschied kurz zu und war der Ansicht, dass wir

beide in völlig verschiedenen Welten lebten. Zehn Tage später führten mich die Wege meiner Welt zu einer Hochzeit in Agape.

Drew: Und meine auch. Ja, ja, wir leben in *so* verschiedenen Welten, mein Schatz! Als ich dich auf dieser Hochzeit sah, begriff ich allmählich, dass das Universum versuchte, mich mit diesem Mädchen zu verkuppeln. Welche bessere Möglichkeit gäbe es wohl als ein Gespräch über enge Beziehungen, und das bei einer Hochzeit?

Jenny (lacht): Das Lustigste hast du weggelassen! Als Drew sich zur Zeremonie auf den Stuhl direkt vor mir setzte, konnte ich es kaum fassen. Ich stieß seinen Stuhl an, er drehte sich um, schockiert und glücklich zugleich, mich zu sehen, aber das Einzige, was er herausbrachte, war: »Oje, ich habe meine Haare hinten nicht gegelt.«

Drew: Na ja, hatte ich auch nicht. Es war mir ziemlich peinlich. Da vergesse ich es einmal, und meine Liebste starrt den ganzen Abend auf meinen Hinterkopf.

Jenny: An diesem Abend tauschten wir Telefonnummern aus.

Drew: Ich brauche wohl nicht extra zu erwähnen, dass sie alles ist, was auf meiner Seelenpartner-Wunschliste steht, und noch viel mehr. Und später habe ich herausgefunden, dass auch Jenny eine Liste hat, und ich bin alles, was auf ihrer Liste steht.

Die Geschichte von Jenny und Drew ist nicht nur wunderschön, sondern wir können auch etwas daraus lernen. Damit sich unser Wunsch an das Universum wirklich manifestieren kann, müssen wir auf das innere Raunen unserer Intuition achten. Noch wichtiger ist, dass wir bereit sind, unserer Eingebung entsprechend zu handeln. Manchmal treibt uns unsere Intuition dazu, etwas zu tun, was außerhalb unserer gewohnten Bequemlichkeitszone liegt. Jenny hätte es an jenem Abend sicherlich bequemer gehabt, wenn sie zu Hause geblieben wäre und sich ausgeruht hätte, statt den Vortrag zu besuchen. Und wenn sie auf ihrem Platz sitzen geblieben wäre, statt zu Drew hinzugehen. Doch sie beschloss, ihren Eingebungen aktiv zu folgen, und genau das führte sie zu ihrem Idealpartner.

Ein afrikanisches Sprichwort lautet: »Bete und bewege die Füße dabei.« Ich interpretiere das so, dass Manifestieren ein Balanceakt zwischen Sein und Tun ist. Wenn Ihnen Ihre Intuition sagt, Sie sollten lockerlassen, dann tun Sie nichts und *seien* Sie einfach. Und wenn Sie innerlich spüren, es ist Zeit zu handeln, dann tun Sie es, und zwar mit Schwung.

KAPITEL 8

Genießen Sie die Wartezeit

Mich verblüfft die Pracht deiner Schönheit, und ich möchte dich mit Hunderten Augen betrachten. Ich bin im Haus der Gnade, und mein Herz ist ein Ort des Gebets. Rumi

Wenn die Samen einer Blume in den Boden gepflanzt wurden und die ersten Blätter zu sprießen beginnen, zupft der Gärtner nicht jeden Tag an den Blättern herum, damit die Pflanze schneller wächst. Er vertraut darauf, dass die Natur schon weiß, was sie tut, und dass sich die Blüte zum richtigen Zeitpunkt öffnen wird. Wie ein Gärtner oder eine Gärtnerin haben Sie einen Samen gepflanzt und die Liebe eingeladen, sich in Ihrem Leben zu entfalten. Sie haben geklärt, wie der Mensch sein soll, mit dem Sie zusammen sein möchten; Sie haben auf Ihren Bauch gehört; Sie haben Dinge unternommen, die außerhalb Ihrer gewohnten Bequemlichkeitszone liegen, und sowohl bei sich zu

Hause als auch in Ihrem Herzen Raum für Ihren Seelenpartner geschaffen. Damit ist Ihre Arbeit erledigt! Jetzt können Sie sich entspannen und darauf vertrauen, dass diese Samen mit stetiger Zuwendung und Aufmerksamkeit aufgehen, blühen und Früchte tragen werden. Im Augenblick dürfen Sie sich einfach an der eigentlichen Reise erfreuen und die Zeit bis zum Eintreffen Ihres Seelenpartners genießen.

Vorfreude auf das, was kommt

Ungefähr um die Zeit, als ich dieses Buch schrieb, schmiedeten Brian und ich Pläne für einen ganz besonderen Urlaub in Französisch-Polynesien, wo wir seinen fünfzigsten Geburtstag feiern wollten. Wir buchten die Reise schon Monate im Voraus und hatten daher genügend Zeit, um die Reiseroute zu planen und uns zu überlegen, welche Sehenswürdigkeiten wir besichtigen wollten. Das brachte natürlich auch eine Menge Aufregung im Hinblick auf das, was uns erwartete, mit sich. Ohne Frage war es toll, zehn Tage im Paradies zu verbringen, aber ich muss sagen, dass die Reisevorbereitungen genauso viel Spaß machten. Beim Besorgen der Reiseutensilien, beim Kofferpacken und beim Nachlesen über Geschichte und Geografie der Insel hatte ich tatsächlich das Gefühl, meine Ferien hätten schon begonnen. Nicht nur das Ziel – ein zehn-

tägiger Urlaub in einer üppig grünen, tropischen Umgebung –, sondern bereits der Weg dorthin brachte mir Erfüllung. In den Tagen und Wochen vor unserer Reise kostete ich die Augenblicke bis zur tatsächlichen Abreise voll aus, da ich wusste, dass sich all meine Bemühungen am Ende in Form einer lang ersehnten Belohnung auszahlen würden. Das ist die Bedeutung von »die Wartezeit genießen«.

Ich gebe Ihnen noch ein anderes Beispiel. Meine Freundin Claudia kocht für ihr Leben gern für Familie und Freunde, aber am meisten Vergnügen bereitet ihr nicht, das fertige Essen auf den Tisch zu stellen oder ihren Gästen beim Schlemmen zuzuschauen. Die größte Freude machen ihr die Planung, die Vorbereitung und das Ausprobieren neuer Rezepte und neuer Kombinationen. Sie hat Spaß daran, in einem Spezialitätenladen ganz frische Zutaten für jedes Gericht zu kaufen. Sie macht sich Gedanken über den passenden Wein, über die Tischordnung und das besondere Ambiente, das sie bei jedem Anlass erzeugen will. Sie legt schöne Musik auf, rührt in den Kochtöpfen und schwelgt in den Aromen, die ihre Küche beim Kochen erfüllen. Sie ist stolz darauf, dass sie für jeden Freundeskreis das perfekte Gericht zusammenstellt – südamerikanische Küche für ihre Freundin Carolina aus Chile; thailändisch für ihre Freundinnen Nancy und Jane, die es gern scharf mögen. Claudia sagt sogar, sie blühe an den Tagen, an denen sie Gäste zum Abendessen erwarte, richtiggehend auf, wenn sie so effizient arbeite. Für sie ist jeder Vorbereitungsschritt genauso vergnüglich wie das Essen selbst – vielleicht sogar vergnüglicher.

In diesem Sinne lade ich Sie jetzt ein, die Erfahrung, wie es ist, Ihren Seelengefährten in Ihr Leben zu ziehen, voll auszukosten. Zelebrieren Sie es, dass Sie nun Klarheit darüber gewonnen haben, welche Art von Beziehung Sie sich wünschen. Freuen Sie sich darüber, dass Ihr Herz nun offener ist als früher. Lassen Sie sich von dem neu gewonnenen Raum in Ihrem Zuhause und in Ihrem Leben anregen, motivieren und in eine positive Richtung treiben.

Jedes Mal, wenn Sie sich vorstellen, wie Ihr Seelenpartner sein wird und wie der Tag aussehen wird, an dem Sie sich begegnen, können Sie zwischen zwei Seinszuständen wählen. Sie können sich dafür entscheiden, in Sehnsucht oder Schmerz, im Wünschen und Warten zu verharren, oder Sie können sich bewusst dafür entscheiden, in Vorfreude und dem aufregenden Gefühl freudiger Erwartung zu schwelgen. Durch die Qualität Ihrer Gedanken und Gefühle erzeugen Sie die emotionale Stimmung, die in dieser Zeit Ihres Lebens vorherrschen wird. Alle Möglichkeiten stehen Ihnen dabei offen. Am einen Ende des Spektrums stehen Niedergeschlagenheit und das Gefühl von Einsamkeit, am anderen Ende Begeisterung und das Gefühl, gesegnet zu sein. Es gibt verschiedene

Wege, wie man eine Erfahrung erlebt, und je nachdem, wie Sie die jeweiligen Umstände wahrnehmen, erfahren Sie etwas über Ihren allgemeinen Gefühlszustand. Es ist ähnlich wie beim Achterbahnfahren: Sie können sich fürchten, wenn die Achterbahn langsam nach oben fährt, und in Stress und Angst geraten bei der Vorstellung, wie sie nach unten rast. Oder Sie können die Hände hochwerfen und sich sagen: »Hier bin ich jetzt. Das ist die Erfahrung, die mir das Leben schenkt. Dann kann ich die Fahrt genauso genießen!«

Fantasie und Kreativität nutzen

Sie wissen nun also, dass Sie grundsätzlich Wahlfreiheit haben. Darüber hinaus sollten Sie wissen, dass mir sehr wohl klar ist, wie schwierig es sein kann, wenn Sie wirklich bereit für einen anderen Menschen in Ihrem Leben sind, dieser aber noch nicht anwesend ist. Bei Hochzeiten, Dinnerpartys, Familientreffen und im Urlaub kann es besonders schwer sein; deshalb müssen Sie sich vor einem solchen Anlass in den richtigen Gemütszustand versetzen.

Ich las einmal über eine Frau, die sich zum wiederholten Male auf einen Single-Urlaub vorbereitete. Sie versenkte sich in Meditation und sah sich dabei an der Seite ihres künftigen Ehemannes. Sie stellte sich vor, dass sie schon seit einigen Jahren verheiratet waren. In ihrer Fantasie tauchten sie beide in Erinnerungen an das Leben ein, das sie vor ihrer Begegnung geführt hatten. Dann stellte sie sich eine meiner Meinung nach bemerkenswerte Frage: »Von welchen früheren Geschichten und Erlebnissen möchte ich ihm einmal gern erzählen?« Mit dieser Frage eröffnete sich ihr ein Blickwinkel, den sie vorher nie in Betracht gezogen hatte, und sie wurde von kreativen Ideen plötzlich nur so überschwemmt. Von dieser neuen Warte aus erkannte sie, dass sie sich von ihrem Seelenpartner Verständnis für ihre große Fürsorge und Großzügigkeit Menschen gegenüber wünschte. Diese Einsicht inspirierte sie dazu, eine Kleidersammlung für eine wohltätige Einrichtung zu organisieren, die alleinerziehenden Müttern half. Ihr wurde ebenfalls bewusst, dass sie sich wünschte, ihr Seelenpartner möge ihren Humor und ihre Abenteuerlust zu schätzen wissen. Diese Erkenntnis wiederum bewog sie dazu, spontan eine eintägige Vergnügungsfahrt mit einigen Freundinnen zu buchen. Außerdem wünschte sie sich von ihrem Seelenpartner, dass er sie als eine sinnliche Frau erkenne, die sich gern verwöhnen ließ. Diese Einsicht veranlasste sie dazu, endlich einen Wellness-Gutschein einzulösen, der schon mehrere Monate bei ihr herumlag, und sich einen ganzen Tag lang Streicheleinheiten für Körper und Seele zu gönnen.

Als Nächstes beschloss sie, »Weihnachten 1997« in Form von Fotos festzuhalten, die sie anschließend in ein Album mit dem Titel »Das habe ich an Weihnachten gemacht, als ich auf dich wartete« einklebte. Sie gestaltete dieses Album äußerst kreativ und klebte nicht nur Bilder hinein, sondern verfasste auch kurze Texte mit der Überschrift »Hast du gewusst, dass…« über Dinge, die sie betrafen und die ihr Seelenpartner vielleicht amüsant oder bewundernswert finden würde: Im Gymnasium hatte sie im Schultheater mitgewirkt; mit zehn stellte sie in ihrem Wohnviertel eine Auffangstation für herrenlose Hunde und Katzen auf die Beine; mit zwölf war sie schwer in Elton John verliebt. Als sie dann auch ihre Urlaubsreisen mit zahlreichen Bildern und Anekdoten ausschmückte, überkam sie plötzlich das Gefühl, ihr Seelenpartner beobachte sie aus der Zukunft. Dieses Gefühl war so allumfassend, dass sie nicht nur ihre Aktivitäten bewusster plante und sie wesentlich mehr genoss. Mehr noch: Obwohl sie ihrem Wunschpartner erst im Sommer 1998 begegnete, behauptet sie heute steif und fest, sie hätten bereits die Ferien im Jahr davor gemeinsam verbracht.

Wenn Sie zweifelsfrei wüssten, dass bis zu Ihrem ersten Date mit dem Mann oder der Frau Ihrer Träume noch Monate vergehen würden, was täten Sie jetzt, um diese Zeit möglichst gewinnbringend zu nutzen? Die folgende *gefühlte Visualisierung* soll Ihnen dabei helfen, Ihr Leben genau jetzt durch die Augen der Partnerschaft zu betrachten, die Sie eines Tages führen werden.

Gefühlte Visualisierung:
Das Glück der Gegenwart
und der Zukunft

Suchen Sie sich zu Hause ein ruhiges Plätzchen und setzen Sie sich dort entspannt hin. Bringen Sie Ihren Körper in eine bequeme Position und machen Sie zunächst ein paar tiefe Atemzüge. Spüren Sie, wie Sie sich immer mehr entspannen und in Ihrem Sessel versinken, wie jeglicher Stress und alle Verspannungen aus Ihnen heraus und in den Boden unter Ihren Füßen fließen.

Gehen Sie mit Ihrer Aufmerksamkeit nun durch Ihren gesamten Körper, um Stellen zu finden, die sich warm, weich und wohlig anfühlen. Atmen Sie in diese weichen Stellen hinein, sodass sie größer werden und sich über Ihren ganzen Körper hinaus ausdehnen.

Versetzen Sie sich beim nächsten Atemzug bitte fünf Jahre in die Zukunft und stellen Sie sich vor, Sie hielten sich mit Ihrem Seelenpartner an einem gemütlichen, ruhigen Ort auf, so wie dem, an dem Sie sich gerade befinden. Vielleicht sitzen Sie zu zweit beim Candle-Light-Dinner oder kuscheln sich im Bett eng aneinander. Lassen Sie Ihrem Herzen – denn nur das Herz kann das – etwas Zeit, um sich in allen Einzelheiten auszumalen, wo Sie sind und was Sie gerade tun. Sind Sie miteinander verheiratet? Haben Sie Kinder? Atmen Sie ein und gestatten Sie sich, das Glücksgefühl dieser Szene zu genießen. Ihr Traum ist wahr geworden. Sie sind mit Ihrem Seelenpartner vereint und selig verliebt. Lassen Sie diese Realität tief in jede Faser Ihres Herzens und Verstandes eindringen.

Stellen Sie sich nun vor, Sie schauen Ihrem Seelenpartner in die Augen und rufen sich in Erinnerung, wie Ihr Alltag aussah, bevor Sie sich kennenlernten. Was aus Ihrem Single-Leben würden Sie ihm oder ihr stolz anvertrauen? Wie haben Sie sich selbst Freude bereitet und jeden Tag genossen, während Sie sich für seine oder ihre Ankunft vorbereiteten? Lassen Sie aus der Sicht eines Menschen, der bereits eine tiefe Verbindung mit seinem Seelenpartner eingegangen ist, die Gedanken zu jenen Dingen zurückschweifen, die Sie früher gemacht haben und die Sie mit Glück, Stolz und einem Strahlen erfüllten.

Spüren Sie, wie gut es sich anfühlt zu wissen, dass es Ihnen großartig ging, bevor Sie Ihren Partner kennenlernten. Lange bevor dieser Mensch sich in Sie verliebte, waren Sie in sich selbst und in Ihr Leben verliebt. Sie haben das Beste aus jedem Tag gemacht und bei allem Ihr Bestes gegeben. Geben Sie sich diesem Wohlgefühl hin und atmen Sie es ein. Vielleicht empfinden Sie es als Glücksgefühl, als Stolz auf das Erreichte, oder ist es gar eine eher sinnliche Empfindung – »Aaaah, ist das schön!«? Lassen Sie dieses Gefühl stärker werden und beobachten Sie, wie es eine bestimmte Farbe und Form annimmt, wie eine schöne Seifenblase, die Ihren ganzen Körper umhüllt. Achten Sie darauf, welche Farbe die Seifenblase Ihrer Vorfreude hat, lassen Sie sie Ihr Herz umhüllen und durchdringen, lassen Sie sie durch Ihre Augen und durch jeden Körperteil strahlen. Jenseits von Zeit und Raum sind Sie mit Ihrem Idealpartner sogar in diesem Augenblick verbunden, und jedes Mal, wenn Sie Freude, Glück und Spaß empfinden, leuchtet diese Seifenblase wie ein Leuchtturm, der diesem Menschen den Weg zu Ihnen weist. Es kommt auf jeden Tag und jede Entscheidung an. Und es liegt an Ihnen, genau jetzt das Beste aus Ihrem Leben zu machen.

Richten Sie Ihre Aufmerksamkeit jetzt wieder auf die Gegenwart und bewahren Sie sich dieses Gefühl der Freude. Seien Sie gewiss, dass Sie Ihr Bewusstsein mit dem Bewusstsein Ihres oder Ihrer Liebsten verbinden, wenn Sie sich fest vornehmen, aus jedem Tag das Beste zu machen. Nicht nur Sie bereiten sich auf die Ankunft des geliebten Menschen vor, nein, auch dieser Mensch bereitet sich auf Ihre Ankunft vor. Atmen Sie tief ein und genießen Sie die Wartezeit in dem Wissen, dass Ihr Schicksal in den Händen des Universums liegt und Ihr Schatz schon unterwegs zu Ihnen ist.

Atmen Sie ein letztes Mal lang und tief ein und legen Sie beim Ausatmen die Hände wie zum Gebet auf Ihr Herz, um sich in der Erinnerung und der Vorfreude zu verankern …

Und wenn Sie dazu bereit sind, öffnen Sie langsam die Augen.

Nehmen Sie sich nach dieser *gefühlten Visualisierung* etwas Zeit, um schriftlich festzuhalten, von welchen Erlebnissen Ihres Single-Lebens Sie Ihrem Seelenpartner gern erzählen möchten. Und dann nehmen Sie sich fest vor, diese Erfahrungen, wenn Sie sie bislang noch nicht gemacht haben, jetzt für sich selbst herbeizuführen. Es ist gut möglich, dass Sie diese Ideen aus einem ganz bestimmten Grund haben, und wenn Sie sie jetzt umsetzen, werden Sie dafür in einer Art und Weise belohnt werden, die Sie sich nicht hätten träumen lassen.

Ein Liebesbrief von Gott

Von dem nachfolgenden Brief erhielt ich vor etwa zwanzig Jahren eine Kopie und konnte nie herausfinden, wer ihn ursprünglich verfasst hatte. Als ich Single war, inspirierte mich dieser Brief ungemein, und deshalb möchte ich Ihnen den Inhalt nicht vorenthalten.

Atmen Sie beim Lesen (ich empfehle Ihnen, den Brief zweimal täglich zu lesen) die Wahrheit dieser Worte ein und achten Sie darauf, ob dadurch in Ihrem Innern mehr Raum entsteht, um das zu genießen, was Ihnen die Gegenwart beschert – auch wenn Sie sich schon riesig auf die Zukunft freuen.

Mein lieber Mensch,

jeder Mensch sehnt sich danach, sich mit Haut und Haar jemandem hinzugeben, eine tiefe seelische Bindung mit einem anderen Menschen einzugehen und vollkommen und ausschließlich geliebt zu werden, aber ich sage »Nein«. Erst wenn du mit deinem Alleinsein zufrieden und erfüllt bist, wenn du dich mir ganz und gar und vorbehaltlos hingibst, bist du bereit, jene intensive, einzigartige Beziehung zu führen, die ich für dich vorgesehen habe. Du wirst erst dann mit jemandem oder etwas anderem vereint sein, wenn du mit mir vereint bist. Ich möchte, dass du keine Pläne mehr machst und keine Wünsche mehr äußerst, sondern mir gestattest, dir den aufregendsten Plan zu schenken, den es gibt – einen Plan, den du dir nicht einmal in deiner Fantasie vorstellen kannst. Ich möchte für dich das Beste. Bitte gestatte mir, es dir zu bringen.

Du sollst mich beobachten und dabei die großartigsten Dinge von mir erwarten. Erlebe immer wieder die Befriedigung darüber, dass ich BIN. Höre immer zu und lerne die Dinge, die ich dir sage. Warte einfach. Das ist alles. Sei nicht bange. Sorge dich nicht. Schau dich nicht nach dem um, was andere haben oder was ich ihnen gegeben habe. Sieh nicht Dinge an, die du vermeintlich haben willst. Schau einfach immer auf mich, sonst versäumst du das, was ich dir zeigen will. Und wenn du dann so weit bist, werde ich dich mit einer Liebe überraschen, die viel schöner ist als die, von der du geträumt hast.

Du siehst also: Erst wenn du bereit bist und erst wenn der Mensch, den ich für dich vorgesehen habe, bereit ist (sogar jetzt arbeite ich daran, dass ihr beide zur selben Zeit bereit seid), und erst wenn ihr beide mit mir und dem Leben, das ich für euch vorgesehen habe, rundum zufrieden seid, erst dann könnt ihr die Liebe erfahren, die ein Abbild eurer Beziehung mit mir ist. Das ist vollkommene Liebe.

Und noch etwas, lieber Mensch: Ich möchte, dass du diese wunderschöne Liebe erlebst. Ich möchte ein leibhaftiges Abbild eurer Beziehung mit mir sehen und mich ganz wesentlich an der immerwährenden Verbindung von Schönheit, Vollkommenheit und Liebe erfreuen, die ich euch schenke. Sei gewiss, dass ich dich umfassend liebe. Glaube daran und sei zufrieden.

In Liebe, Gott

KAPITEL 9

Verlieben Sie sich in sich selbst

> *Du selbst hast genauso wie jeder*
> *andere im Universum deine Liebe*
> *und Zuneigung verdient.*
>
> Buddha

Gandhi sagte einmal, wir müssten »selbst die Veränderung sein, die wir in der Welt sehen möchten«.
Während Sie daran arbeiten, Ihren Seelenpartner zu
manifestieren, können Sie diese zeitlose Weisheit auf
Ihr eigenes Leben anwenden, indem Sie der Geliebte,
der Freund, die Lebensgefährtin, die Partnerin und der
Seelengefährte *werden*, nach dem Sie suchen.

Denken Sie darüber einmal kurz nach. Wir investieren so viel Zeit und Energie in die Zukunft: wie gut es
uns gehen wird, wie schön wir es uns machen werden
und wie glücklich wir sein werden, wenn wir unserem
Seelenpartner endlich begegnet sind. Diese Denkweise

gibt uns zwar im Hinblick auf die Zukunft ein großartiges Gefühl, doch in der Gegenwart bewirkt sie nichts für uns.

Es stimmt zwar, dass man manchmal einem Menschen begegnet, der einen wie ein Katalysator dazu inspiriert, sich in eine positive Richtung zu entwickeln. Meistens aber funktioniert es umgekehrt. Wenn man *zuerst* beschließt, zu wachsen, sich selbst zu lieben, das Beste aus sich und seinen Lebensumständen zu machen, dann erst bieten sich aufgrund dieser Verpflichtung plötzlich Gelegenheiten zu einer echten Liebesbeziehung und tiefen Verbindung.

Für die Liebe liebenswert werden

Bei der Überlegung, welche Eigenschaften Sie bei einem Seelenpartner suchen, sollten Sie sich zuerst fragen, ob Sie selbst diese Eigenschaften an den Tag legen und was Sie andernfalls tun müssen, um diese Eigenschaften zu pflegen. So wie ein Samenkorn mit der Sonnenwärme wächst, so gedeihen auch unsere guten Eigenschaften, wenn wir uns ihnen hinwendungsvoll widmen.

Lassen Sie mich ein Beispiel geben: Ist es Ihr Wunsch, mit einem zärtlichen, treuen und freundlichen Menschen zusammen zu sein? Dann müssen Sie sich dazu verpflichten, diese positiven Eigenschaften bei sich selbst zu fördern. Lassen Sie keine Gelegenheit aus, Ihren Mitmenschen freundlich und liebenswürdig zu begegnen – der Verkäuferin, dem Briefträger, dem Call-Center-Agenten am Telefon (ich weiß, das ist ein schwieriger Fall) … und nicht zuletzt sich selbst! Stehen Leidenschaftlichkeit, Großzügigkeit und Aufgeschlossenheit ganz oben auf Ihrer Seelenpartner-Wunschliste, dann sollten Sie jede Minute des Tages nach Möglichkeiten suchen, diese Facetten bei sich selbst zu nähren, zu stärken und zu entwickeln. Nicht in der Zukunft, sondern hier und jetzt.

Am besten kommen Sie dieser Aufgabe nach, indem Sie sich vorstellen, Sie wären der Mann oder die Frau Ihrer Träume, und sich dann die Frage stellen: »Wenn ich selbst mein Schatz wäre, würde ich mich dann in mich verlieben?« Lautet die Antwort »Nein«, dann bemühen Sie sich, der Mensch zu werden, in den Sie sich verlieben würden.

Sie kennen doch das alte Sprichwort: »Lache, dann lacht die ganze Welt mit dir.« Es stimmt nämlich, dass die ganze Welt Ihnen die Liebe spiegelt, die Sie sich selbst schenken.

Die folgende Übung erleichtert es Ihnen herauszufinden, welche Schritte es zu unternehmen gilt, um zu der Liebe zu *werden*, nach der Sie suchen.

Für diese Übung brauchen Sie

- mehrere Blatt Papier und einen Stift,
- eine bequeme Sitzgelegenheit,
- 15 bis 30 Minuten Zeit, in der Sie nicht gestört werden.

Notieren Sie auf einem Blatt Papier Ihre zehn liebenswertesten Eigenschaften. Stellen Sie sich vor, Sie wollen ein Internet-Profil erstellen und müssen Ihre Top-Ten-Vorzüge auflisten. Wenn Sie nicht weiterkommen, überlegen Sie, wofür Ihnen andere Menschen Komplimente machen. Sind Sie freigebig, teilnahmsvoll, kultiviert, gütig, besonnen, fürsorglich, fantasievoll oder lustig? Schreiben Sie alles auf.

Wenn Sie die Liste anschließend nochmals durchlesen, achten Sie darauf, dass sie Sie von Ihrer allerbesten Seite zeigt. Wenn nicht, schreiben Sie Ihre Liste so lange um, bis alles stimmt. Diese Liste braucht niemand anderer zu Gesicht zu bekommen – sie ist nur für Sie bestimmt, und deshalb können Sie so richtig loslegen.

Wenn diese Liste mit Ihren tollsten und bewundernswertesten Eigenschaften fertig ist, denken Sie sich eine Affirmation aus, in der diese

Charakteristika enthalten sind. Etwa so: »Ich bin eine leidenschaftliche, liebevolle, freundliche, hilfsbereite, abenteuerlustige, verlässliche, sinnliche, spirituelle Frau und liebe alles an mir, und zwar immer.«

Diese Affirmation sollen Sie sich dann dreißig Tage lang zweimal täglich vor dem Spiegel mit einem breiten Lächeln im Gesicht laut vorsagen. Schauen Sie sich dabei unbedingt in die Augen, während Sie die Wahrheit über sich aussprechen. Und damit Sie es wissen: Das erzeugt am Anfang ein ganz eigenartiges Gefühl, aber tun Sie es trotzdem!

Eigenliebe – ein starker Liebesmagnet

Sie werden feststellen, dass in dieser Zeit Ihre Motivation, Ihr Bestes nach außen zu kehren, wachsen wird – nicht Ihrem Seelenpartner zuliebe, sondern um Ihres eigenen Glückes und Ihrer eigenen Erfüllung willen. Wenn Ihnen das gelingt, haben Sie das wohl beste Werkzeug gefunden, um praktisch alles an sich zu ziehen, was Sie begehren. Falls Ihnen die Vorstellung, sich in sich selbst zu verlieben, »egoistisch« oder »ichbezogen« vorkommt – ich versichere Ihnen, das ist es nicht.

Betrachten Sie es doch einmal so: Wenn Sie nicht in sich selbst verliebt sind, wenn Sie all Ihre einzigartigen, liebenswerten Eigenschaften, die nur Sie besitzen, nicht aufrichtig zu schätzen wissen, falls Sie Ihre Mängel noch immer nicht wohlwollend akzeptiert und noch nicht erkannt haben, dass gerade diese Eigenheiten Sie unverwechselbar machen, wenn Sie Ihren Körper nicht zärtlich und sinnlich verwöhnen... Wie können Sie dann erwarten, dass Ihr Seelenpartner es tut? Es ist eine einfache Tatsache: Wenn Sie sich selbst lieben, werden Sie absolut unwiderstehlich für andere.

Ich möchte Ihnen gern an einem praktischen Beispiel aus dem Alltag erläutern, wie ich Eigenliebe verstehe. Sie erinnern sich bestimmt daran, dass die Stewardess Ihnen auf Ihrem letzten Flug erklärt hat, Sie sollten, falls es zu einem Druckabfall in der Kabine komme, erst die eigene Sauerstoffmaske überstreifen, bevor Sie anderen dabei helfen. Denn wenn ein Flugzeug an Höhe verliert, bleiben Ihnen nur sechs Sekunden, bevor Sie bewusstlos werden. Und wenn Sie in dieser Zeit nicht Ihre eigene Sauerstoffmaske überstreifen, können Sie niemand anderem helfen.

Ich finde, das ist eine schöne Metapher für Eigenliebe. Wenn Sie sich nicht selbst in jeder Hinsicht mit Liebe, Anerkennung, guter Nahrung, positiven Gedanken und zärtlichen Gefühlen versorgen, fehlen Ihnen schlicht und ergreifend die inneren Ressourcen, um einen anderen Menschen zu lieben und zu umsorgen. Sich selbst lieben heißt, den eigenen Bedürfnissen genauso viel Aufmerksamkeit zu schenken wie den Bedürfnissen Ihres oder Ihrer Liebsten. Es bedeutet, dass Sie so für sich sorgen, als seien Sie der wichtigste Mensch auf der Welt. Dazu müssen Sie sich die Zeit nehmen, gründlich zu erforschen, was für Sie wirklich von Bedeutung ist – im Leben und definitiv auch in Liebesdingen. Wenn Sie sich bedingungslos lieben, werden Sie nicht mehr von Ihren Maßstäben abweichen, weil Ihnen Ihr eigenes Glück viel zu sehr am Herzen liegt.

Meine Freundin, die Autorin Stefanie Hartman, hat das Geheimnis um den Seelenpartner mit diesem einfachen Prinzip gelüftet.

Stefanies Geschichte:
Ein maßgeschneiderter Partner
(Fortsetzung von Seite 29)

Also gut, ich geb's lieber gleich zu: Ich war eines jener Mädchen, die zwar vom Ideal eines Seelenpartners träumten, aber das Ganze im Grunde genommen für Unsinn hielten. Trotzdem hatte meine Mutter mich immer wieder ermahnt: »Schau nicht nach unten oder hinter dich, sondern nur nach vorn, dann findet das Glück zu dir.« Und das Glück kam dann auch – als ich aufhörte, ihm hinterherzurennen.

Wollen Sie die ganze Geschichte hören?

Um es kurz zu machen: Ich beschloss, mich mit keinem Mann mehr zu treffen, der nicht hundertprozentig meinen Vorstellungen entsprach, ja nicht einmal mehr mit denen, die meine Erwartungen zu neunundneunzig Prozent erfüllten. Ich fasste den Entschluss, mich von »Mr. Möglich« zu verabschieden (diese Männer schaffen es nie auf hundert Prozent, glauben Sie mir) und stattdessen nach »Mr. Right« zu suchen.

Irgendwann verkündete ich meinen Freunden und Freundinnen lauthals, ich sei ein guter Mensch, ich möge mich wirklich gern und ich sei einfach nicht mehr zu Kompromissen bereit. Ja, ich schrieb sogar eine Liste mit Eigenschaften, die mir bei meinem Zukünftigen ganz wichtig waren, und solchen, die ich auf keinen Fall tolerieren würde – aber alles erst nach einem vorausgehenden Selbsterkenntnisprozess. Ich wusste, dass ich Liebe zu verschenken hatte, aber ich musste kein »Loch mehr stopfen«. Das ist übrigens ein Riesenunterschied. Wenn ein Typ nicht von Anfang an der Richtige ist, ist er meine Zeit nicht wert. Ich wollte keine Männer mehr, die ich erst hinbiegen musste. Ich kam an einen Punkt, wo ich sagte: »Schluss jetzt! Diese ganze Seelenpartnersuche ist doch Quatsch, ich gehe ab jetzt nur noch mit meinen Freundinnen aus, mache Yoga, amüsiere mich und gehe allein in der Sonne spazieren.« Mit anderen Worten: Ich nahm wieder Kontakt zu mir selbst auf.

Ungefähr eine Woche nach dieser Entscheidung rief mich meine beste Freundin an und wollte ein Blind Date für mich arrangieren. Ich protestierte. Wollte sie sich lustig machen? Hatte sie nicht gehört, was ich mir geschworen hatte? Sie sagte, es werde ein nettes, »unbedenkliches« Date (ich weiß bis heute nicht, was sie damit meinte). Sie hatte sich mit diesem Mann nämlich schon vor Monaten einmal getroffen. »Ist ja toll«, dachte ich sarkastisch, »ein Abgelegter – wieso hast du mir das nicht gleich gesagt?«

Sie erzählte, sie habe den Typ (Sie ahnen es: meinen jetzigen Ehemann!) über das Internet kennengelernt, aber die Chemie zwischen ihnen stimmte nicht, und der Funke sprang nicht über. Zur gleichen Zeit lernte sie noch einen anderen Mann kennen (den sie dann zwei Wochen vor mir heiratete!). An nur einem Wochenende hatte sie also ihren und meinen Ehemann kennengelernt. Sie ist wirklich gut organisiert! Heute amüsiere ich mich darüber, dass meine Freundin damals meinen heutigen Ehemann als geeigneten Kandidaten für mich herausfilterte, noch bevor er und ich uns begegnet waren.

Sie stellte uns einander via E-Mail vor, und dann chatteten wir ein paar Wochen lang miteinander. Die nächste Stufe war ein echtes Telefongespräch, und daraufhin beschlossen wir, uns zu treffen. Ich war dabei im Nachteil, denn meine Freundin hatte ihm die Adresse meiner Website gegeben; er wusste also, was ich beruflich machte und wie ich aussah, und hatte sogar meine Liste »10 Dinge, die Sie über Stefanie garantiert nicht wissen wollen« gelesen. Ich hingegen wusste rein gar nichts über ihn. Er witzelte sogar noch, er habe eine ziemlich schlechte Haut und lebe noch bei seiner Mutter.

Ich schlug ein Abendessen an einem Samstagabend vor, aber er hielt es für besser, wenn wir uns erst einmal auf einen Kaffee trafen. (Herr Junggeselle hatte zu viele schlechte Erfahrungen mit ersten Dates gemacht und wollte dafür nicht einen Samstagabend »vergeuden«. Falls das erste Treffen gut laufen würde, so erklärte er mir, würde er vielleicht als Nächstes ein Abendessen vorschlagen.) Bis zu diesem Moment hatte ich keine Ahnung gehabt, dass ich ein Ego besaß. Ich empfand das als eine beleidigende Herabsetzung, und noch dazu beim allerersten Date! (Offenbar hatte der Typ keinen blassen Schimmer, dass im Internet zahlreiche Männer auf ein Date mit mir warteten ... pah!) Tatsächlich regte mich sein Kommentar gerade so sehr auf, dass ich neugierig auf ihn wurde und einem Treffen zustimmte.

Ich dachte, ich würde es diesem arroganten Kerl heimzahlen, indem ich am Samstag mein elegantes Outfit, das ich extra gekauft hatte, im Schrank ließ und in Jeans, Tanktop und Strandsandalen schlüpfte, um ihm zu zeigen, wie egal er mir war. Höchst zufrieden mit meiner schlauen Tour wartete ich auf ihn. Dann läu-

tete es, und ich öffnete die Tür. Als wir uns gegen-
überstanden, waren wir beide erst einmal stumm und
starrten uns an. Er dachte (wie er mir später gestand):
»Oh Mann, ist die heiß ... Bingo!« Und ich dachte: »Oje,
ich habe was total Unpassendes an«, denn er war
richtig schick angezogen und sah umwerfend aus. Ich
brauche wohl nicht extra zu erwähnen, dass aus unserem Date mehr wurde als nur ein Kaffeeplausch – es
dauerte acht Stunden. Zwischen Kaffee und Abendessen ließ ich ihn dann aber doch vor der Tür warten,
während ich schnell das ursprünglich geplante Outfit
anlegte, das dieses tolle Date wert war.

Hier traf also die »eingefleischte Monogamistin« auf
den »Jongleur«, wie ich ihn mal nennen will (es gibt
noch andere Bezeichnungen, aber diese scheint mir
die liebenswürdigste zu sein). Zweifelsohne genoss er
das Singleleben und hatte auch eine andere Auffassung von Verabredungen als ich. Andererseits teilten
wir die feste Absicht, uns keinesfalls auf einen »Bei-
nahe-ideal-Partner« einzulassen (auch er hatte eine
schmerzliche Trennung hinter sich). Ich hatte meine
Partner-Wunschliste aufgeschrieben, er hingegen hatte sie im Kopf und meinte, er werde es schon spüren,
wenn die Richtige käme.

Nun ja, nach unserem zweiten Date erzählte der
Schwerenöter (der mit fünf Mädels in zwei Ländern
jonglierte, die sich alle gleichzeitig mit ihm treffen
wollten) seinem besten Freund (solche Gespräche »un-

ter Männern« führte er nach jedem Date), er habe die Frau kennengelernt, die er heiraten werde. Ja, er sagte sogar: »Es war, als hätte mir das Schicksal meine Traumfrau geliefert, und ich habe sie gerade erkannt. Ich wusste, dass sich in meinem Leben demnächst etwas ändern würde, und ich wusste einfach, dass sie die Frau war, mit der ich zusammenleben wollte.« Sein Freund traute seinen Ohren nicht, weil ihm dies so gar nicht ähnlich sah. Und doch war es so, dass der Jongleur an jenem Abend ein paar unangenehme Telefonate erledigen musste. Tut mir leid, Mädels!

Wir verlobten uns, kauften ein Haus, legten uns einen Hund zu und heirateten zwei Jahre nach unserem ersten Date. Nichts schien überstürzt, alles fühlte sich richtig an. Eine Heirat schien schon in den Anfängen unserer Beziehung völlig logisch und natürlich. Zu einem der schönsten Momente an diesem ganz besonderen Tag gehörte die Art und Weise, wie ich meinen Bräutigam so zum Lächeln und zum Lachen brachte, dass ihm während der Zeremonie Tränen in die Augen stiegen (er wird behaupten, ihm sei etwas ins Auge geraten). Im unverhofftesten Augenblick an diesem Tag fühlte ich mich so ruhig und so bereit, vor den Traualtar zu treten, dass ich fast nach vorn *rannte* – mein Vater musste mich festhalten.

Wir hatten nie Angst, uns dem anderen so zu zeigen, wie wir wirklich sind, vielmehr forderten wir es vom anderen von Anfang an. Dies kam auch bei un-

serem sehr ernsthaften Gelöbnis während der Hoch-
zeitszeremonie zum Ausdruck. Mein armer Bräutigam
wurde von anderen Ehemännern damit aufgezogen,
seine Meinung werde nie mehr etwas gelten, sobald er
verheiratet sei. Jarrod und ich verfassten unser Gelöbnis jeweils selbst, und ich hatte den Satz »Ich verspre-
che dir, dir zuzuhören, wenn du sprichst« noch nicht
ausgesprochen, da brach Jarrod in Gelächter aus und
konnte sich gar nicht mehr beruhigen. Also hielt ich
das schriftliche Gelöbnis hoch und sagte: »Doch, das
werde ich! Hier steht es schwarz auf weiß!«, und dann
konnten sich alle Anwesenden nicht mehr halten vor
Lachen. Wer behauptet denn, dass eine Hochzeitszere-
monie langweilig sein muss?

Die Begegnung mit meinem späteren Ehemann hat
mich erkennen lassen, dass ein echter Seelenpartner
unser Herz beschützt. Sie erkennen ihn daran, dass sein
Charakter, seine tiefsten Überzeugungen, sein Wertesystem zu Ihrem passen. Suchen Sie bei einem Seelenpartner nach dem Gefühl des Wiedererkennens, nach
dem Gefühl, das Ihnen sagt, »Hier bin ich zu Hause«.

Rückblickend realisiere ich, dass sich die Dinge erst
dann fügten, als ich beschloss, nur noch das zu akzeptieren, was ich tief in meinem Innern wirklich brauchte – egal wie lange dies dauerte.

Als ich Jarrod kennenlernte, hatten wir beide sofort
das Gefühl, uns bereits zu kennen, so als hätten wir
schon eine gemeinsame Geschichte. Wir empfanden

eine große Eintracht, wir fühlten uns sehr in uns ruhend, als hätten wir im anderen ein Zuhause gefunden. Für eine Frau, die so viel umhergereist war wie ich, war dies eine wunderbare Erfahrung.

Inzwischen bin ich davon überzeugt, dass es wirklich für jeden Menschen einen Seelenpartner gibt. Sobald Sie aufhören, die ganzen »Beinahe-Idealpartner« zurechtzubiegen, werden Sie feststellen, dass der perfekte Partner schon da ist und auf Sie wartet.

Ihren Seelenpartner mit dem Gesetz der Anziehung zu manifestieren ist kein Lotteriespiel. Es ist eine ganz persönliche Bitte ans Universum, Ihnen die Liebe zu bringen, die Ihr Herz verdient hat und sich wünscht. Das Wichtigste bei der Eigenliebe ist, dass Sie nicht von Ihren Maßstäben und Wertvorstellungen abweichen, auch wenn Sie damit auf kurzfristige Hochgefühle verzichten, die Ihnen ein Date mit einer Person beschert, die aber eigentlich nicht zu Ihnen passt. Außerdem ist Eigenliebe die unabdingbare Voraussetzung dafür, dass andere Menschen uns lieben können.

Damit Sie sich noch heftiger in sich selbst verlieben, hat meine Schwester Debbie Ford diese letzte *gefühlte Visualisierung* zur Unterstützung beigesteuert. Am besten lesen Sie sie sich täglich abends vor dem Einschlafen vor oder lassen sie sich vorlesen und schließen dabei die Augen.

Gefühlte Visualisierung:
Wenn ich alles an mir lieben kann, kann ich euch alle lieben

Machen Sie diese Übung mit der Absicht, sich in sich selbst, in Ihr großartiges Selbst zu verlieben: ihr kostbares, liebevolles, umfassendes und einzigartiges Selbst.

Machen Sie mehrere tiefe Atemzüge und lassen Sie sich bei jedem Ausatmen noch tiefer nach innen sinken, hin zu diesem ganz stillen, ruhigen Ort, an dem alle Weisheit, aller Mut und alle Liebe ruht, die Sie brauchen. Stellen Sie sich vor, Sie gleiten einfach in diesen völlig stillen, gefahrlosen Ort mit der Absicht, sich ganz und gar, mit Haut und Haar in sich selbst zu verlieben.

Atmen Sie noch einmal tief ein. Stellen Sie sich beim nächsten Ausatmen vor, Sie versinken in diesen Ort der Liebe, wo Sie sich behaglich, umsorgt und gut aufgehoben fühlen.

Schauen Sie jetzt bitte nach links — dort werden Sie ein Bild von sich sehen. Es ist das Bild Ihres liebenswertesten Selbst: der Teil von Ihnen, der Freude und Hoffnung ausstrahlt; der Teil von Ihnen, der weiß, dass Sie ein besonderer, einzigartiger Mensch sind und dass niemand auf der Welt so ist wie Sie. Wie sieht diese Facette von Ihnen aus? Vielleicht sehen Sie ein Bild von sich mit zwei oder drei oder sieben oder fünfzehn oder zweiundzwanzig Jahren. Sie strahlen Liebe aus. Ihre Augen leuchten. Sie sind unwiderstehlich.

Laden Sie diese Facette beim nächsten tiefen Atemzug einfach ein, sich vor Sie zu setzen, und lassen Sie beim nächsten Ausatmen eine Herzensverbindung mit diesem Teil Ihrer selbst entstehen. Bitten Sie diese Facette Ihrer Persönlichkeit, Ihnen zu sagen, was großartig an Ihnen ist. Was macht Sie so einmalig, so wundervoll?

Hören Sie sich an, welche Gründe Ihr so liebenswertes Selbst nennt, weshalb Sie es wert sind und verdient haben, die Liebe Ihres Lebens zu manifestieren, ihr zu begegnen und sie zu genießen. Hören Sie sich alle Gründe an, weshalb Sie sich rundweg in sich selbst verlieben sollten. Bitten Sie diesen Teil Ihres Selbst, Ihnen zu zeigen, wie viel Gutes Sie getan haben, wen Sie unterstützt haben und wessen Leben durch Sie eine Bereicherung erfahren hat.

Hören Sie sich an, welche großartigen Eigenschaften Sie besitzen, die Sie so speziell machen, jene Eigenschaften, die Ihr so liebenswertes Wesen ausmachen.

Fragen Sie dann Ihr so liebenswertes Selbst, was Sie ändern müssten, um sich immer wieder aufs Neue heftig in sich selbst zu verlieben. Welche Denkweisen müssten Sie aufgeben? Von welchen Überzeugungen müssten Sie sich verabschieden? Welche Verhaltensweisen und -muster müssten Sie ablegen, damit Sie spüren können, wie außergewöhnlich, wie begehrenswert, wie großartig Sie sind?

Atmen Sie einfach weiter und lassen Sie Ihr Herz hören, was Sie gerade gehört haben. Und wenn Sie gewillt sind, dies im Namen der Liebe zu ändern, dann bestätigen Sie dies Ihrem Selbst und warten Sie ab, was Sie in dieser Woche tun könnten, damit Sie bestimmte Verhaltens- oder Denkmuster auch wirklich aufgeben. Müssen Sie dazu eine Änderung im Außen herbeiführen? Müssen Sie jemanden anrufen? Benötigen Sie jemandes Unterstützung?

Wenn Sie bereit sind, dies zu tun, bestätigen Sie auch dies gegenüber sich selbst und dieser liebenswerten Facette, diesem Teil von Ihnen.

Bitten Sie nun diesen Teil von sich, Ihnen zu sagen, welche freundlichen Worte Sie sich jeden Tag sagen sollen, um sich geliebt, liebevoll und liebenswert zu fühlen. Welche angenehmen Worte tragen dazu bei, damit Sie sich wirklich jeden Tag von Liebe umgeben fühlen? Sind es die Worte gütig, freundlich, charmant, schön, umwerfend, wunderbar? Sind es die Worte genial, ehrenwert, treusorgend, zuverlässig, kompetent, kreativ?

Atmen Sie diese wohltuenden Worte beim nächsten tiefen Atemzug ein. Sprechen Sie sie jetzt sieben Mal aus.

Sehen Sie zu, wie sich diese Worte in Ihr Bewusstsein eingraben. Atmen Sie sie einfach ein, denn Sie haben die Liebe wirklich verdient.

Spüren Sie, wie Ihr Herz weicher wird. Achten Sie

darauf, wie diese Worte Ihnen das Gefühl vermitteln, geschätzt zu werden. Das sind Ihre Worte. Sie haben sie soeben von Ihrem liebenswertesten Teil gehört.

Erkennen Sie also an, wie großartig Ihr Menschsein ist. Erkennen Sie die Güte Ihres Herzens an.

Atmen Sie jetzt wieder langsam und tief ein und lassen Sie beim Ausatmen alles dahinschmelzen, was zwischen Ihnen und dem Einssein mit Liebe steht. Geben Sie sich nun dem Gedanken hin, welchen Nutzen andere Menschen davon hätten, wenn Sie sich selbst lieben: Ihre Kinder, Ihre Geschwister, Ihre Arbeitskollegen, die Menschen in Ihrem Umfeld, Ihre Freunde. Machen Sie sich bewusst, dass Eigenliebe bedeutet, wirklich jedem Menschen, dem Sie begegnen, Liebe zu schenken. Gestatten Sie sich jetzt, dies zu erkennen.

Stellen Sie sich jetzt vor, dass Ihre Mitmenschen – alle Menschen, die Sie lieben und von denen Sie geliebt werden – kommen und Sie auf die Wange küssen; alle Menschen, die noch leben, und alle, die schon von Ihnen gegangen sind. Hören Sie zu, wie sie Sie anfeuern, und lassen Sie ihre Liebe in jede Faser Ihres Körpers eindringen.

Wiederholen Sie beim nächsten Ausatmen folgende Worte:

»Ich werde geliebt. Ich bin liebenswert. Ich bin Liebe.«

»Ich werde geliebt. Ich bin liebenswert. Ich bin Liebe.«

»Ich werde geliebt. Ich bin liebenswert. Ich bin Liebe.«

Lassen Sie alles, was zwischen Ihnen und diesen Worten steht, schmelzen und auf den Boden unter Ihren Füßen fließen. Wiederholen Sie das Mantra sieben Mal und lassen Sie alles, was zwischen Ihnen und dieser Realität steht, von der Schwingung dieser Worte wegschmelzen.

»Ich werde geliebt. Ich bin liebenswert. Ich bin Liebe.«

J tak jest.

Und so sei es.

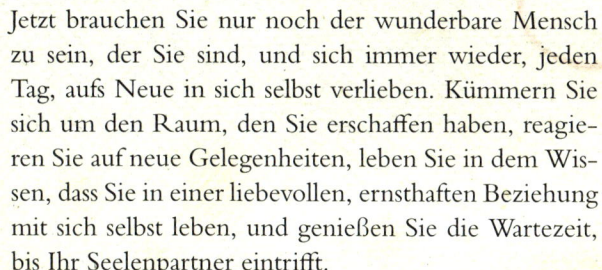

Jetzt brauchen Sie nur noch der wunderbare Mensch zu sein, der Sie sind, und sich immer wieder, jeden Tag, aufs Neue in sich selbst verlieben. Kümmern Sie sich um den Raum, den Sie erschaffen haben, reagieren Sie auf neue Gelegenheiten, leben Sie in dem Wissen, dass Sie in einer liebevollen, ernsthaften Beziehung mit sich selbst leben, und genießen Sie die Wartezeit, bis Ihr Seelenpartner eintrifft.

KAPITEL 10

Sind Sie bereit für die große Liebe?

Ja sagen zur Liebe

Sind Sie wirklich bereit für die große Liebe? Wenn Sie die folgenden Aussagen mit einem kräftigen Ja beantworten können, sind Sie tatsächlich dafür bereit:

- Ich glaube, dass ich die große Liebe verdient habe, dass der oder die Richtige bereits irgendwo wartet und ebenfalls nach mir Ausschau hält.

- Ich weiß ganz genau, wie der Mensch und die Beziehung sein sollen, die ich jetzt manifestieren will.

- Ich habe alte Wunden geheilt.

- Ich habe eine Schatzkarte angefertigt, die Beziehungsecke in meiner Wohnung und meinem Schlaf-

zimmer vorbereitet, meine Seelenpartner-Wunschliste geschrieben und sie dem Universum übergeben.

- Ich liebe mich und genieße meine eigene Gesellschaft.

- Ich habe Zeit, Energie und innere Ressourcen, um
  einem anderen Menschen etwas zu geben.

- Ich lebe so, als wäre mein Seelenpartner schon bei
  mir, und genieße das Warten auf seine Ankunft.

**Herzlichen Glückwunsch, wenn Sie alle Aussagen be-
jahen konnten!** Mit der Umsetzung der in diesem Buch
beschriebenen Prinzipien und mit der Durchführung
der Übungen haben Sie Ihren Teil dazu beigetragen,
damit sich Ihr Seelenpartner in Ihrem Leben manifestiert. Sie sind sich jetzt ganz genau darüber im Klaren,
was Sie sich von einem Seelenpartner wünschen, und
haben Ihre »Bestellung« beim Universum aufgegeben.
Sie haben Ihre emotionalen Wunden versorgt, die mit-
verantwortlich dafür waren, dass Ihnen die Liebe bisher – vielleicht ohne dass Sie es wussten – vorenthalten
blieb. In freudiger Erwartung auf das Eintreffen Ihres
Seelenpartners haben Sie in Ihrem Herzen, Ihrem Leben und Ihrem Zuhause ausgemistet. Sie haben Raum
geschaffen, damit eine neue Liebe wachsen kann. Sie
haben Ihre Überzeugungen so verändert, dass Sie nun
die liebevolle, ernsthafte Beziehung zu sich einladen
können, die Sie sich wünschen und die Sie auch verdient haben. Und vor allen Dingen haben Sie erfahren,

dass Ihr *Wesen* ein viel stärkerer Magnet ist als Ihr gesamtes *Tun*. Mit anderen Worten: Sie haben eine echte Liebesbeziehung mit sich selbst!

Ich kann mich noch lebhaft daran erinnern, dass jene Zeit in meinem Leben äußerst erfüllend und produktiv war. Es ist faszinierend, was es bewirkt, in sich selbst verliebt zu sein. Sie werden nicht nur zu einem Liebesmagneten, sondern Sie ziehen auch Freundschaften, mehr Gelegenheiten im Leben, mehr Erfolg an – mehr von allem, was Sie sich wünschen. Ich weiß noch genau den Tag, als mir urplötzlich eines klar wurde: *Selbst wenn ich meinem Seelenpartner niemals begegnete, war mein Leben großartig und würde es auch in Zukunft sein.* Es mag paradox klingen, aber sobald ich diese beiden Gefühle gleichzeitig erleben konnte – das Gefühl, mein Leben, so wie es war, zu lieben, und das Gefühl, es mit jemandem teilen zu wollen –, kam plötzlich ein tiefes Gefühl des Friedens über mich.

Eine magische Begegnung...

Nicht lange nach dieser Erkenntnis hatte ich eine magische Begegnung mit einer heiligen Frau, die mein Leben ein für alle Mal veränderte. Am 22. Juni 1997 fuhr ich zu Amma, der Heiligen aus Indien, die die Menschen umarmt. Schon Jahre zuvor hatte mir Deepak Chopra von ihr erzählt, der meinte, Amma sei »die wahre Liebe. Wenn du einmal die Chance hast, dich von ihr umarmen zu lassen, dann nutze sie.« Ich meldete mich zu einem Wochenend-Retreat an und wusste, dass ich bei diesem Retreat mindestens zwei Umarmungen bekommen würde. Im Jahr davor hatte ich mir und anderen immer wieder für Beziehungen vergeben, die gescheitert waren; ich hatte meine Seelenpartner-Wunschliste geschrieben und sie dem Universum übergeben; ich hatte die energetischen Verbindungen zu meinen Verflossenen gekappt und war zutiefst davon überzeugt, dass mein Seelenpartner bereits irgendwo wartete. Jetzt hoffte ich nur noch darauf, dass uns ein kräftiger Schubs vom Universum zusammenbrachte.

Am ersten Abend des Retreats wartete ich geduldig, bis ich an der Reihe war. Ich war aufgeregt und ein bisschen nervös. Ich hatte einen Plan ausgeheckt, wusste aber nicht, ob er gelingen würde. Ich hatte gehört, dass Amma bei der Umarmung einem leise etwas ins Ohr flüstert oder chantet, dass man sich aber nicht mit ihr unterhält, weil sie kein Englisch spricht. Endlich war ich dran, und während sie mich umarmte, flüsterte ich ihr ins Ohr: »Liebe Amma, bitte heile mein Herz von allem, was mich davon abhält, meinen Seelenpartner zu finden.« Daraufhin lachte sie und drückte mich fester an sich. Ich »wusste«, dass sie mein Gebet verstanden hatte.

In der folgenden Nacht hatte ich einen sehr lebhaften Traum. Ich sah sieben in Purpur gekleidete

Frauen, die mir etwas vorsangen. Der Liedtext lautete: »Arielle ist die Frau nach Beth.« Als ich morgens aufwachte, war ich fest davon überzeugt, dass dies ein Zeichen gewesen war: Mein Seelenpartner hielt sich bereits in der Nähe auf, war aber mit jemandem namens Beth zusammen.

Am nächsten Abend gab es eine zweite Umarmung von Amma. Diesmal flüsterte ich ihr ins Ohr, sie möge mir bitte meinen Seelenpartner schicken, und ratterte meine Wunschliste herunter. Wieder lachte sie und drückte mich fester an sich.

... die mich zu meinem Seelenpartner führte

Drei Wochen später musste ich unverhofft geschäftlich nach Portland, Oregon. Nick, einer der Autoren, mit denen ich zusammenarbeitete, sollte für einen großen Fernsehsender interviewt werden. Die Aufnahme war vom Studio in Los Angeles an Nicks Wohnort in Portland verlegt worden, und der Verleger bat mich, hinzufliegen und die Aufnahmen zu beaufsichtigen. Der Anruf kam an einem Donnerstag spätnachmittags, und ich sollte am nächsten Morgen schon in Portland sein. Ich rief in Nicks Büro an und sprach mit einem seiner Geschäftspartner, Brian, der sich bereit erklärte, mich am nächsten Tag am Flughafen abzuholen. Freundlich teilte er mir mit, am Flughafen von Portland werde gebaut und er könne deshalb nicht am Ausgang warten, erklärte mir aber, wie ich ihn gleich vor dem Terminal finden könne.

Auf dem Flug nach Portland war ich ungewöhnlich nervös. Zuerst dachte ich, der Grund sei meine Entgiftungskur – ich ernährte mich ungefähr eine Woche lang von verschiedenen Säften und Süppchen. Doch bald kam ich darauf, woher meine Nervosität kam. Am Gate angekommen, folgte ich Brians Anweisungen und entdeckte ihn rasch. Als ich ihn sah, fuhr mir ein Gedanke durch den Kopf: »Wer ist wohl diese Beth?« Und sofort danach ein zweiter Gedanke: »Er ist nicht dein Typ, und du spinnst heute ein bisschen.«

Als wir bei Nick eintrafen, baute das Fernsehteam gerade alles für das Interview auf. Es sollte gleich losgehen, und ich setzte mich hinten im Raum auf eine kleine Bank neben Brian. Eigentlich hätte ich mich auf das Gespräch zwischen Nick und dem Moderator der Sendung konzentrieren sollen, doch ich wurde immer wieder von dem Drang abgelenkt, Brians Schultern zu massieren. Dieser Drang war so mächtig, dass ich mich buchstäblich auf meine Hände setzen musste, um nicht in Versuchung zu geraten! Als ich so neben Brian saß, den ich gerade erst kennengelernt hatte, hörte ich eine Stimme: »Er ist der Richtige. Genau so passiert es. Mit diesem Menschen wirst du dein Leben verbringen.«

Nun war ich endgültig davon überzeugt, den Verstand verloren zu haben. Ich hatte noch nie Stimmen gehört und auch nie den Wunsch verspürt, einem Fremden die Schultern zu massieren. Was war denn hier los? Als das Interview im Kasten war, ging das Licht an, und wir standen auf. Brian fragte mich: »Hattest du am Flughafen das Gefühl, mich zu kennen?« »Ja, warum fragst du?«, gab ich verblüfft zurück. »Weil ich von dir geträumt habe«, antwortete er.

Diese Antwort haute mich so um, dass ich mich einfach umdrehte und hinaus an die frische Luft rannte. Ich hörte, wie Nick zu Brian sagte: »Wir führen Arielle heute Abend zum Essen aus, bevor sie zurückfliegt. Lade doch auch Elizabeth ein!« Ich setzte mich auf der Seeterrasse hin und dachte: »Na toll. Es gibt also tatsächlich eine Beth. Sogar eine *Elizabeth*. Das muss seine Frau sein.« Dann machte sich wieder die Stimme bemerkbar: »Keine Angst, sie sind einfach wie Geschwister.«

Ich hatte keine Ahnung, was das alles bedeuten sollte. Ich war hungrig und außerdem total verwirrt. Später gingen Brian und ich mit Nick, seiner Frau, ein paar anderen Leuten – und Elizabeth, die mit einer Freundin kam – zum Abendessen. Es war ein heißer Sommerabend, und der Service war wirklich mehr als lahm. Wir hatten unser Essen schon bestellt, aber es dauerte ewig, bis es endlich kam. Und dann musste ich mich schon wieder verabschieden, weil mein Flieger ging. Nick ließ meine gegrillte Forelle in eine Box packen, und Brian raste über die Autobahn, damit wir rechtzeitig zum Flughafen kamen. Auf der Fahrt fütterte ich uns beide mit Forelle und hörte mich Dinge sagen, die ich kaum glauben konnte. Zum Beispiel: »Weißt du, ich will keine Kinder.« Worauf Brian antwortete: »Deshalb haben Elizabeth und ich uns getrennt. Sie will heiraten und Kinder haben und ich nicht.« Dann kamen aus meinem Mund die Worte: »Ich suche schon eine Weile nach einem Tantrapartner.« In dem Moment wäre Brian beinahe von der Fahrbahn abgekommen. Später stellte sich heraus, dass er in den letzten drei Wochen tatsächlich von mir geträumt hatte, und in der Nacht, bevor er mich am Flughafen abholte, hatten wir in seinem Traum die Tantrastellung »Yab Yum« gemacht. Dabei sitzt der Mann im Schneidersitz, und die Frau sitzt auf ihm und schlingt die Beine um seinen Rücken, sodass die Chakren alle miteinander verbunden sind.

Am Flughafen umarmten Brian und ich uns schnell zum Abschied. Als ich am Terminal auf den Abflug wartete, rief ich meinen vedischen Astrologen Marc Boney an, erzählte ihm kurz von Brian und gab ihm seine Geburtsdaten durch (die ich Brian vorher noch hatte entlocken können). Zu Hause hörte ich dann Marcs Nachricht auf dem Anrufbeantworter ab: »Ich habe eure Geburts-Charts angeschaut. Dies ist der deutlichste Hinweis auf eine Schicksalsbeziehung, den ich je gesehen habe. Ich sage voraus, dass du ihn heiraten wirst.«

Eine Woche später kamen Nick und Brian im Rahmen von Nicks Autorentournee nach San Diego. Für die Lesung setzten Brian und ich uns in die letzte Reihe und schrieben uns Briefchen wie Viertklässler! Von da an ging alles sehr schnell. Wir verlobten uns drei Wochen später. Nach nur zwei Monaten zog Brian nach La Jolla zu mir. Genau ein Jahr nach dem Tag, an dem ich Amma um Hilfe gebeten hatte, meinen Seelenpartner zu finden (was die Krönung eines jahrelangen bewussten Manifestationsprozesses war), vermählte sie uns in einer Hinduzeremonie vor Tausenden von Menschen.

Ich habe keinen Zweifel, dass die vorausgehende Vorbereitung auf die Begegnung mit Brian der Grund ist, weshalb wir heute zusammen sind. Ich musste erst »schlechte« Liebe erfahren, bevor ich für die »große« Liebe bereit war. Ich musste zuerst »mich selbst heiraten«, das heißt, zu einem liebevollen, spirituellen, glücklichen, erfolgreichen Wesen heranwachsen, damit ich energetisch zu meinem Seelenpartner passte. Dasselbe galt auch für Brian. Er musste ebenfalls zuerst etwas tun, musste Klarheit gewinnen und sich aus Beziehungen lösen, bevor er so weit war, sein Leben mit mir zu teilen.

Ich bin fest davon überzeugt, dass dies auch auf Sie und Ihren Seelenpartner zutrifft. Stellen Sie es sich wie eine große Aufführung vor, wie ein Broadway-Theaterstück. Der Glanz und die Schönheit, die man bei der Premiere zu sehen bekommt, sind Schritt für Schritt in der überaus wichtigen Zeit vor der Premiere entstanden. Dem Publikum mag es wie Zauberei vorkommen, aber hinter den Kulissen haben die Beteiligten unzählige Stunden in bewusster Absicht zugebracht. Wenn Sie also die Bühnenvoraussetzungen für Ihre große Lovestory schaffen, wenn Sie das Drehbuch umschreiben, sich einen raffinierteren Plot ausdenken und die Idealbesetzung zusammenstellen, dann erhalten Sie zum Schluss all die Liebe, die Zuwendung und die Aufmerksamkeit zurück, die Sie bei den Vorbereitungen eingebracht haben.

Aber Sie sollten noch etwas wissen: Auch wenn Sie die Prinzipien und Übungen, die Sie hier kennengelernt haben, gewissenhaft anwenden, können Sie diesen Prozess niemals hundertprozentig steuern. Es gibt immer eine unsichtbare Kraft, die Sie in Form von Inspirationen lenkt, Ihnen Anstöße gibt und Freude an jeder Phase dieses Prozesses hat. Wir Menschen können mit unserem freien Willen entscheiden, was wir denken, glauben und tun wollen. Als universelle Wesen, die Teil eines größeren Ganzen sind, werden wir vom Fluss des göttlichen Zeitplans mitgetragen. Von Magie spricht man, wenn sich diese Kräfte kreuzen.

Bereiten Sie sich vor, kümmern Sie sich nicht um das Timing und genießen Sie die Reise!

Ich sende Ihnen Liebe und weiß, dass Ihr Seelenpartner bereits auf dem Weg zu Ihnen ist.

Arielle Ford

Über die Autorin

Seit fünfundzwanzig Jahren führt Arielle Ford ein bewusstes Leben und hat dieses Thema immer wieder über alle möglichen Kanäle bekannt gemacht. Sie ist eines der Gründungsmitglieder des Spiritual Cinema Circle, eines DVD-Clubs, der inspirierende, aufbauende Filme zeigt. Als Gaiam Trend Tracker schreibt sie Kolumnen und berichtet in den Medien über die neuesten Trends zu den Themen grünes, umweltbewusstes, gesundes Leben, Spiritualität und Wellness. Sie hat sieben Bücher geschrieben, darunter auch den auf Deutsch erschienenen Titel *Hilfe von oben. 101 wahre Geschichten von Engeln, Wundern und Heilungen*. Arielle Ford lebt mit ihrem Seelenpartner Brian und ihren Katzen in La Jolla, Kalifornien.

Weitere Informationen zu Arielle Ford können Sie im Internet unter folgenden Webadressen finden (beide englischsprachig):

www.soulmatesecret.com
www.everythingyoushouldknow.com

Danksagung

Ich habe das Glück, von vielen wunderbaren Menschen umgeben zu sein, die zugleich Freunde und Geschäftspartner sind.

Mein tiefster Dank geht zuallererst an die wunderbare, clevere Danielle Dorman für ihre guten Anregungen und ihre Fähigkeiten als Lektorin. Sie ist ein leuchtender Stern am Himmel. Jeder Autor sollte sich glücklich schätzen, mit ihr arbeiten zu dürfen.

Ich danke außerdem dem überaus begabten Mike Koenigs, ohne den es www.soulmatekit.com (die Anregung zu diesem Buch) nicht gäbe. Sein Einfallsreichtum, seine Großzügigkeit, seine umwerfenden, vielschichtigen Geschicklichkeits-Sets und sein großes Technologiewissen inspirieren mich jeden Tag aufs Neue.

Ein herzliches Dankeschön an meine Freunde, die mir ihre persönlichen Geschichten erzählten: meine unglaubliche Schwiegermutter Peggy Hilliard und ihr Seelenpartner John Morse, Linda Sivertsen, Kathi Diamant, Drew Heriot und Jenny Keller, Peggy McColl, Stefanie Hartman, Sean Roach, Gayle Mandel, Ken Foster, Colette Baron-Reid.

Meinem wunderbaren Freundeskreis bin ich für seine nie nachlassende Liebe und Unterstützung dankbar: Carol Allen, Heide Banks und Howard Lazar, Reverend Laurie Sue Brockway, Christen Brown, Deepak und Rita Chopra, Nancy De Herrera, Vivian Glyck, Gay und Kathlyn Hendricks, Divina Infusino, Mark Schneider, Gloria Jones, Cynthia Kersey, Carolyn Rangel, Becky Robbins, Carla Picardi, Gofreddo Chiavelli, Faye Schell, Lisa Sharkey, Marci Shimoff, Stephen und Lauren Simon, Jeremiah Sullivan, Renee Thomas, Jai Varadaraj und Marianne Wilson.

Dank geht auch an meinen PR-Engel Jill Mangino; danke, liebe Schwester, für deine Liebe, deine Unterstützung und für die Werbung!

Ich danke Shawne Mitchell für ihre Weisheit und für die Feng-Shui-Beratung. Dir und Scott Blum von Daily Om sei Dank für eure Unterstützung und euren Weitblick.

Dieses Buch wäre nie entstanden ohne die Liebe und Unterstützung meiner unglaublichen Schwester Debbie Ford, die mir auf einer ihrer »Romancing-the-Spirit«-Bootsfahrten meinen ersten öffentlichen Vortrag zum Thema Seelenpartner ermöglichte.

Ich danke dem tollen Team bei Harper One: Cynthia DiTiberio, Gideon Weil, Mark Tauber. Claudia Boutote, ich danke dir für diese amüsante, fast mühelose Erfahrung.

Meine tief empfundene Liebe und Achtung gebührt meiner Mutter Sheila Fuerst und meinem Stiefvater Howard Fuerst – ihre Seelenpartnerschaft hat mir täglich vor Augen geführt, was große Liebe wirklich bedeutet.

Und natürlich danke ich von ganzem Herzen Amma, der Göttlichen Mutter, und meinem Seelengefährten Brian Hilliard – diese beiden Menschen zeigen mir jeden Tag aufs Neue, auf welch hohem Niveau sich Liebe manifestieren kann.

Register